L'attente
et la perte
du bébé à naître

Micheline Garel
Hélène Legrand

L'attente et la perte du bébé à naître

Préface du Pr Michel Tournaire

Nouvelle édition
avec la collaboration de Laurence Dreyfus

Albin Michel

Première édition sous le titre *La grossesse perdue*
Ramsay, 1990

Deuxième édition sous le titre *Une fausse-couche et après ?*
Albin Michel 1995

Nouvelle édition revue et corrigée :

À Christine, Émilie, Sonia,
Vincent et Virginie.

Préface

Parmi une centaine de grossesses qui débutent, quinze vont s'interrompre par une fausse couche spontanée : quatorze seront « précoces », au premier trimestre, et une sera « tardive », au second trimestre. La mort du fœtus dans le dernier trimestre de la grossesse surviendra beaucoup plus rarement.

Les explications données pour ces accidents ont varié avec les époques. La position verticale de notre espèce a été accusée jusqu'au XIXe siècle, lorsque la syphilis « grande avorteuse » a pris le relais. Ce fut ensuite le tour des carences en vitamines, puis du déséquilibre hormonal. À chacune de ces théories correspondaient des traitements qui se sont révélés le plus souvent inutiles.

On connaît mieux aujourd'hui le mécanisme des fausses couches précoces. Leur grande majorité est liée à une anomalie des chromosomes de l'embryon incompatible avec sa survie. La nature fait le tri. La découverte de ce caractère naturel et le plus souvent inévitable des fausses couches a conduit l'équipe médicale à minimiser cet événement. Pourtant, comme ce livre le montre, cet accident n'est pas vécu comme banal par celle qui en est victime.

Je tiens à remercier Hélène Legrand, Micheline

Garel et Laurence Dreyfus d'avoir su conjuguer leurs expériences de médecin et de psychologues pour apporter une information actuelle et pratique sur les deux versants de ce malheureux événement.

Sur le plan médical, on considère qu'une première fausse couche est a priori due à une anomalie chromosomique liée au hasard. Effectivement, le pronostic de la grossesse suivante est favorable avec 85 % de bonne évolution. Le feu vert est donc donné pour une nouvelle grossesse. Il n'apparaît donc pas utile, dans ce cas, d'entreprendre des examens spécialisés. En cas de fausses couches à répétition, trois habituellement, situation très rare, une enquête va rechercher d'autres causes, telles qu'une malformation de l'utérus, des anomalies des chromosomes du couple, un dérèglement hormonal, ou des perturbations immunologiques. Ces explorations peuvent aboutir à des traitements qui limiteront le risque de récidive. Dans la situation plus rare de mort fœtale in utero, une enquête complète doit en rechercher la cause

Pour le versant psychologique, les entretiens réalisés par Micheline Garel apportent des révélations précieuses pour les patientes qui ont à faire face à la perte de leur grossesse, mais aussi pour l'équipe médicale, en montrant la face souvent cachée de cet événement. Le terme qui revient le plus souvent est celui de solitude devant cet accident que l'entourage, médecin compris, veut escamoter en le minimisant. Viennent souvent les mots d'échec personnel ou, pire encore, de culpabilité, expliqués par certaines croyances de la femme ou de son environnement, sur les causes des fausses couches, qui n'ont souvent rien à voir avec la réalité. Ainsi 60 % d'entre elles considèrent que la fatigue ou le travail ont un rôle déterminant. La partie médicale du livre permettra de les disculper.

Cet ouvrage est aussi un guide très pratique donnant des réponses claires, sans jamais utiliser le jargon médical, à toutes les questions qui se posent. Quels sont les premiers signes d'une fausse couche, d'une grossesse extra-utérine, d'une mort fœtale ? Que faire dans chaque situation ? Faut-il une intervention et quand ? Comment faire face ? Que faire après une ou plusieurs fausses couches ? Quand recommencer une grossesse ?

Dans ces situations de détresse, parfois douloureusement répétées, ce livre informe et apporte un soutien efficace et chaleureux.

Pr Michel Tournaire,
Maternité Saint-Vincent-de-Paul
Hôpital Saint-Vincent-de-Paul.
Paris

Introduction

« Quand je repense à cette fausse couche, j'ai été surprise d'avoir été déstabilisée comme ça. Tout le monde n'avait qu'une idée : me dire que ce n'était rien. Tout a été fait autour de moi pour banaliser l'événement. Après, je me suis rendu compte que c'est une chose qui m'a bouleversée, qui m'a marquée, qui est restée en moi, là. »

Christine.

Les fausses couches précoces (ou avortements spontanés) sont des événements très fréquents. 15 % à 25 % des grossesses connues se terminent ainsi, ce qui signifie que chaque année, en France, environ deux cent mille femmes sont concernées.

Cependant, la fréquence réelle des fausses couches est difficile à estimer car certaines sont très précoces, avant même qu'il y ait eu un retard de règles ou un diagnostic de grossesse. On sait, par exemple, qu'une partie des ovules fécondés s'élimine avant ou juste après leur implantation, donc avant le moindre signe de grossesse. Grâce aux nouvelles méthodes de diagnostic, en particulier le dosage de l'hormone spécifique de grossesse (HCG), les femmes peuvent savoir de plus en plus tôt qu'elles sont enceintes, elles ont donc connaissance de fausses couches qui autrefois seraient passées inaperçues.

Les fausses couches tardives sont beaucoup moins fréquentes que les fausses couches précoces puisqu'elles surviendraient dans environ 0,5 % des grossesses. Leur fréquence réelle est également difficile à estimer car, dans les statistiques, elles sont parfois confondues avec des événements encore plus rares que sont les morts fœtales in utero (environ 0,04 %).

D'un point de vue médical, une fausse couche spontanée précoce est un événement banal et sans gravité – ce qui n'est pas le cas d'une fausse couche tardive ou d'une mort fœtale in utero qui sont des événements plus exceptionnels qui vont demander une prise en charge puis des examens médicaux pour rechercher leur cause.

Psychologiquement, quel que soit son terme, la perte d'une grossesse est un fait marquant dans la vie d'une femme, qui laisse des traces durables.

Dans nos pratiques de psychologue et de gynécologue, nous avons constaté que les femmes en parlent peu avec leur entourage. Lorsqu'elle est précoce, certaines cachent même leur fausse couche et la gardent comme un secret. Lorsqu'elle est tardive ou qu'il s'agit d'une mort fœtale in utero ou d'une interruption médicale de grossesse, c'est parfois l'entourage qui ne souhaite pas l'évoquer et nie la perte d'un enfant. Nous avons aussi été frappées par le peu d'informations dont les femmes disposent et leur désir d'en avoir davantage. Alors que dans les journaux, à la télévision ou dans les livres destinés au grand public une grande place est consacrée aux nouvelles techniques de procréation, il est rare que le sujet des avortements spontanés ou des morts périnatales soit abordé.

Dans ce livre, nous avons surtout donné la parole aux femmes afin que celles qui font ou risquent de faire l'expérience d'une telle perte puissent sortir de leur isolement en confrontant leur propre expérience avec les témoignages que nous rapportons. Nous montrons quelles sont les réactions habituelles lors de cette perte et quel peut être l'impact de l'événement sur l'équilibre de la femme, sur celui du couple et de la famille. Nous avons voulu donner un aperçu de ce qui se passe après, dans les mois et les années qui suivent, en expliquant comment, après une période difficile, s'effectue le retour vers l'apaisement.

Les femmes qui ont accepté de témoigner ont permis la réalisation de ce travail. On aurait pu craindre qu'un entretien soit ressenti comme une contrainte, à un moment difficile de leur vie. Au contraire, leur accueil a été très souvent chaleureux. La plupart d'entre elles ont affirmé que la possibilité de parler et de laisser libre cours à leurs émotions leur apportait une aide et un soulagement. Nous leur dédions ce livre en les remerciant.

Une partie du livre est consacrée aux aspects médicaux. Elle contient des informations sur les symptômes, les causes et les traitements possibles ainsi que des conseils pratiques. Un glossaire en fin de volume reprend tous les termes médicaux abordés dans le texte.

CHAPITRE 1

DÉFINITIONS

Le terme de « fausse couche » est employé dans le langage courant. Les médecins parlent plutôt d'« avortement spontané ». Les deux expressions s'appliquent à un même phénomène qui est l'expulsion d'un embryon ou d'un fœtus avant quatre mois et demi de grossesse ou avant qu'il ne puisse vivre hors de l'organisme maternel.

De plus en plus souvent, la durée de la grossesse est évaluée en semaines, à partir du premier jour des dernières règles. On parle alors de semaines d'aménorrhée, terme qui signifie absence de règles. D'après cette façon de calculer, on dit qu'il y a fausse couche si l'expulsion de l'embryon ou du fœtus a lieu avant vingt-deux semaines d'aménorrhée.

La majorité des fausses couches se produisent avant un mois et demi de grossesse (ou huit semaines d'aménorrhée). La fausse couche est dite précoce si la grossesse a moins de trois mois (ou quinze semaines) ou tardive après trois mois.

On distingue les fausses couches uniques ou « accidentelles » des fausses couches à répétition. On considère qu'il y a fausses couches à répétition lorsqu'il y a au moins trois avortements spontanés successifs.

Contrairement aux fausses couches « accidentelles », les fausses couches à répétition sont rares. En France, chaque année, elles concernent entre 0,4 % et 1 % des femmes enceintes.

Les études statistiques montrent que, lorsqu'une femme a fait une fausse couche spontanée précoce, le risque de fausse couche précoce à la grossesse suivante est très légèrement augmenté. Après deux ou trois fausses couches successives, le risque de répétition augmente plus nettement puisque après deux fausses couches il est estimé à 30 % et se situe aux environs de 40 % après trois fausses couches. Mais ces chiffres peuvent être plus élevés ou plus faibles selon les causes de la fausse couche, et l'existence ou non d'une grossesse déjà menée à terme.

Bien que cela ne soit pas prouvé scientifiquement, la croyance populaire dit que la première grossesse est plus fragile et plus sujette à une fausse couche précoce que les suivantes. Les femmes le savent car, lorsque leur première grossesse se termine par une fausse couche, il leur arrive de parler d'un « brouillon de grossesse ».

La « mort fœtale in utero » est la mort avant la naissance d'un fœtus de plus de vingt-deux semaines d'aménorrhée ou quatre mois et demi de grossesse, ou bien ayant un poids supérieur ou égal à cinq cents grammes. Le décès survient avant que le travail de l'accouchement ait commencé. Cet accident dramatique peut survenir après la découverte d'une pathologie de la grossesse. Il peut aussi survenir de façon brutale alors que la grossesse se déroule normalement.

L'éventail des réactions

Si la définition médicale de la fausse couche est simple, l'expérience vécue prend un sens différent pour chaque femme. Les femmes lorsqu'elles évoquent leur grossesse ne parlent pas de leur embryon ou de leur fœtus, mais bien de leur bébé à venir. La perte de cet enfant en devenir, qu'il s'agisse d'une fausse couche précoce ou tardive, d'une mort fœtale in utero ou d'une interruption médicale de grossesse est toujours une perte particulière qui rompt avec l'ordre naturel des choses qui est de naître avant de mourir.

Actuellement, dans notre société, la grande majorité des grossesses sont désirées. Après une fausse couche, comme après la perte d'un être cher, les femmes sont tristes, voire déprimées. Elles se sentent souvent responsables de cette perte qui est vécue comme un échec.

Jacqueline a une petite fille de trois ans. Elle a trente-huit ans et a reçu un traitement hormonal pendant deux mois car la deuxième grossesse tardait à venir. Le traitement a été rapidement efficace. Tout allait bien au début mais, à onze semaines de grossesse, elle a eu des douleurs au ventre puis des pertes de sang importantes. Elle est venue aux urgences à l'hôpital où elle a fait une fausse couche hémorragique. Un curetage a été effectué. Elle explique :

> « La fausse couche, c'est la faute à “pas de chance” ; l'œuf était de mauvaise qualité, pas viable ; c'est accidentel, les causes sont difficiles à trouver. Quand je repense à tout ça, cela me paralyse encore un peu. J'ai été deux mois sans pouvoir en parler. Cela m'angoissait, je ne pouvais pas m'exprimer sans le ressentir vraiment. La fausse couche, c'est un échec. J'ai perdu un enfant, je l'aimais, je l'ai perdu. Maintenant j'ai surmonté la chose, et je suis confiante pour l'avenir, mais on ne débutera pas une grossesse tout de suite. Il faut que la maman soit en forme pour mettre au monde un enfant. »

La convalescence amorcée au moment de l'entretien s'est poursuivie, et Jacqueline a été à nouveau enceinte un an après sa fausse couche. Elle a accouché à terme d'une petite fille.

Il arrive aussi qu'une fausse couche soit acceptée avec philosophie. Julie, par exemple, a fait une fausse couche à sept semaines de grossesse, chez elle. Elle l'a accueillie presque avec soulagement, compte tenu des difficultés du début de sa grossesse. Elle explique :

> « C'est une erreur de la nature. Il y avait un problème avec cet embryon ; il ne fallait pas qu'il naisse, sinon vous vous retrouvez avec un bébé qui a besoin de beaucoup de soins et qui n'est pas viable à longue échéance. Je me disais au fond de moi-même : "Il vaudrait mieux qu'il s'en aille ; vu la quantité de sang que j'ai perdue, je ne serai pas tranquille. Je penserai toujours qu'il y a quelque chose d'anormal avec ce bébé." En fait il faut dédramatiser la situation, la ramener à une échelle normale, aussi normale que possible. »

Julie a accouché d'un petit garçon, dix-huit mois après cette fausse couche.

Lorsque la grossesse arrive après un traitement de la stérilité, la tristesse qui suit la fausse couche est intense. Grâce à des dosages hormonaux, Diane a su très tôt qu'elle était enceinte. Elle désirait l'être depuis plusieurs années et suivait un traitement pour infertilité. Et puis, à quatre semaines de grossesse, elle a fait une fausse couche. Trois mois après, elle raconte :

> « La fausse couche a été pour moi un déclencheur d'angoisse, une angoisse qui était latente, qui aurait pu sans doute ressortir autrement... Pour cette histoire de bébé, ce que je sais, c'est que je ne me sens pas capable d'en refaire un tout de suite. Pourtant on m'a dit d'attendre un mois et de recommencer... Je n'ai pas envie de souffrir à nouveau, je vais attendre d'y voir un peu plus clair. »

Dans son témoignage, Diane associe sa fausse couche à une IVG faite à l'âge de dix-huit ans, avec un profond sentiment de culpabilité renforcé par son entourage familial. Pour elle, la fausse couche a valeur de punition et ravive le fantasme qu'elle a depuis son IVG d'avoir été « endommagée » et de ne pas pouvoir avoir d'enfant.

L'histoire de Karen est un exemple de ce qu'on appelait autrefois la « maladie abortive » ; aujourd'hui, on parle plutôt de « fausses couches à répétition ». Karen a fait sept fausses couches spontanées en cinq ans. Sa mère a eu cinq enfants, après une série de huit fausses couches. Ses deux sœurs aînées ont elles-mêmes eu cinq et six fausses couches avant d'avoir des enfants.

Karen raconte :

> « Je suis croyante, j'attends une grossesse. Je suis à moitié inquiète. Cette dernière fausse couche à neuf semaines m'a rendue triste mais j'ai pensé : ce n'est pas grave. Ma mère, elle, a beaucoup souffert pour nous avoir, pourquoi pas nous ? Elle dit qu'après six ou sept fausses couches, ça s'accroche. Il faut faire plusieurs fausses couches pour que l'utérus grossisse. »

La ténacité de Karen et sa relative sérénité peuvent paraître surprenantes. Mais elle est convaincue qu'elle parviendra un jour à mener une grossesse à terme. D'une certaine façon elle est conforme au modèle familial : pour elle, comme pour sa mère et ses sœurs, une grossesse n'est possible qu'après plusieurs échecs.

Plus rarement, l'avortement spontané correspond au désir de la femme et procure un soulagement. Par exemple, pour Michelle, la fausse couche était une bonne chose. Elle ne désirait pas être enceinte et elle a avorté spontanément, peu de temps avant l'IVG prévue.

« J'ai commencé à perdre du sang un samedi, ça a continué trois jours, et le mardi je suis allée aux urgences. Ils m'ont gardée pour une aspiration ; c'était deux jours avant la date prévue de l'IVG. En ce moment, j'ai deux partenaires ; c'est une situation délicate, donc je ne pouvais pas le garder. Pour moi la fausse couche a été une chance. Quand j'ai su que j'étais enceinte, j'ai dit : "Je n'aurai même pas la chance de faire une fausse couche !" Parce que je suis contre l'IVG, je l'avais décidée à contrecœur. Je ferai un enfant quand je serai avec la personne avec qui je compte m'installer dans un an. J'espère que ça marchera tout de suite ! »

Michelle a été enceinte un an après cet avortement et a pu accueillir sa petite fille dans les conditions espérées.

L'expérience d'une fausse couche tardive est particulièrement éprouvante. Liliane a trente-deux ans, n'a pas d'enfant et a fait trois fausses couches précoces. La dernière a eu lieu à cinq mois de grossesse. Le médecin lui avait conseillé de ne pas se fatiguer et, si possible, de rester allongée. Avec le soutien de son mari qui s'est occupé de toutes les tâches domestiques, elle n'a plus posé le pied par terre.

Liliane raconte :

« En novembre, j'étais enceinte de quatre mois, je suis retournée chez le médecin qui a dit que le col était court mais fermé. Le 10 décembre, j'ai dit le soir à mon mari : "Je ne me sens pas bien." Je sentais mon ventre qui devenait dur, dur, de plus en plus fréquemment et fort. Je suis allée aux urgences. La sage-femme qui m'a examinée m'a dit : "Vous êtes ouverte à cinq centimètres, allez en salle de travail immédiatement." J'ai

perdu les eaux, ils m'ont donné de la morphine. Juste à la fin, ils ont fait sortir mon mari et ils m'ont endormie.
Quand on fait une fausse couche à un mois et demi, deux mois, c'est dur mais ça n'est pas pareil, pour des femmes comme moi, là, à cinq mois. Je vous le jure, on accouche. Perdre les eaux, entendre les femmes dans la salle d'à côté qui crient et, tout d'un coup, la voix dans le lointain d'un petit bébé qui vient, c'est vraiment très dur.
Ce qui me rend triste souvent, c'est que je me dis : "Au moins j'espère qu'il n'a pas souffert." Je l'ai senti bouger jusqu'au bout. À l'échographie, il était parfaitement bien. On a même vu son visage. Je ne sais même pas ce qu'ils ont fait du bébé... Comment il sort ? Est-ce qu'il est vivant, est-ce qu'il est mort ?
La première semaine, quand mon mari est retourné au travail, c'était épouvantable, je ne pouvais pas rester seule cinq minutes, je pleurais, je pleurais, je ne pouvais rien faire, je me regardais dans la glace, je me trouvais moche, j'étais dégoûtée de la vie, je me sentais mal dans ma peau, il pleuvait dehors, heureusement qu'on est partis en voyage. Mes amis venaient me voir, ils m'appelaient, il fallait que j'aie un contact humain. J'étais complètement foutue, de toute façon, je ne suis pas remise, il ne faut pas se leurrer ; je m'impressionne moi-même de pouvoir parler sans me laisser aller. »

L'expérience de Liliane lors de sa dernière fausse couche est comparable à celle des femmes qui donnent naissance à un enfant mort-né. À cinq mois de grossesse, un lien très fort s'était noué avec l'enfant, qu'elle sentait bouger, qu'elle avait vu plusieurs fois à l'échographie. Elle est allée en salle d'accouchement, elle a souffert, comme pour un accouchement, « pour rien ». Ses interrogations à propos de l'enfant vont rester sans réponse. Liliane est partie vivre à l'étranger avec son mari et, deux ans après la fausse couche, elle n'est pas prête à envisager une nouvelle grossesse, par crainte d'un nouvel échec.

Comme Liliane, Caroline a vécu un véritable accouchement mais déclenché en raison de la mort du fœtus in utero pratiquement à terme. Cette toute jeune femme de vingt ans, déjà mère d'un garçon de trois ans, raconte :

> « Ma grossesse se déroulait très bien, même si personne dans ma famille ne se réjouissait de cette naissance car ils pensent que je suis trop jeune, qu'il vaut mieux que je termine mes études pour avoir un travail. Moi, j'adore être enceinte, il n'y a rien de plus beau que de donner la vie. Lors d'une visite, la sage-femme n'entendait pas le cœur, on a fait une échographie, on m'a dit qu'il était mort. Je ne pouvais pas le croire, je regardais mon ventre et je ne pouvais pas réaliser que c'était fini. On m'a dit qu'on me donnerait des comprimés puis que j'irais en salle de naissance pour l'expulsion. Moi je ne voulais pas, je voulais le garder quand même jusqu'au terme. »

Contrairement à Liliane, Caroline n'a rien senti d'anormal dans son corps, le choc émotionnel est brutal. Cette réaction d'incrédulité est courante, la femme est sidérée, c'est-à-dire comme pétrifiée tant la nouvelle est impensable. Il va lui falloir comprendre la nouvelle puis affronter la réalité d'une grossesse qui n'ira pas à son terme et enfin accepter de mettre au monde ce bébé mort.

Le sens de la perte découle de l'histoire de chacune et de son désir d'enfant. Quel qu'en soit le terme, il s'agit toujours de l'interruption d'une vie porteuse d'espoirs. Bien d'autres circonstances interviennent également. Ainsi, le terme ne sera pas toujours directement en rapport avec la souffrance psychique. Cependant, généralement une fausse couche est moralement plus douloureuse si elle arrive après plusieurs autres fausses couches et si la femme n'a jamais donné naissance à un enfant vivant. Elle est aussi plus traumatisante à un âge avancé de la grossesse qu'à son tout début.

Pendant et après l'accident, l'entourage, selon qu'il est présent, indifférent ou même hostile, accélère ou entrave la convalescence et la « guérison ». Le rôle de la famille et des amis est primordial et, en premier lieu, celui du conjoint. L'équipe médicale de l'hôpital et le médecin ont évidemment un rôle essentiel à jouer pour expliquer, informer et rassurer pour l'avenir.

L'interruption médicale de grossesse (IMG)

Lorsque, à la suite d'un diagnostic anténatal, une anomalie d'une particulière gravité est découverte, la décision d'arrêter la grossesse, quel qu'en soit le terme, peut être prise. Il s'agit alors d'une interruption médicale de grossesse, appelée anciennement « interruption thérapeutique de grossesse », dont nous ne parlerons pas dans ce livre, consacré aux accidents spontanés, qu'ils soient précoces ou tardifs.

La fausse couche tardive ou la mort fœtale in utero laissent la femme et les médecins dans l'impuissance, il n'y a rien à faire pour sauver l'enfant. En revanche, l'annonce d'une anomalie grave ou d'une pathologie incurable confronte l'équipe et les futurs parents à la difficile question de poursuivre ou non la grossesse. Il serait trop long d'exposer ici les différentes situations qui peuvent conduire à une interruption médicale de grossesse. La décision toujours très douloureuse est cependant ressentie différemment s'il s'agit d'une trisomie 21 ou d'une pathologie ne permettant pas à l'enfant de vivre à la naissance. Parfois celui-ci est atteint d'une malformation si grave que sa mort est certaine à la naissance ou les jours suivants. Dans ce cas, le choix n'en est pas vraiment un. En revanche, certaines anomalies confrontent les parents à la décision d'accueillir, d'imposer ou non cet enfant à la fratrie et à la société. Les réactions divergent en fonction de l'histoire de chacun. Certains couples s'effondrent à l'annonce d'une fente palatine (bec de lièvre) alors que d'autres veulent mener aussi loin que possible la grossesse d'un enfant condamné par une grave malformation cardiaque. Pour un certain nombre d'entre eux, il est important de poursuivre la grossesse jusqu'au terme légal permettant d'inscrire l'enfant sur le livret de famille et de lui offrir ainsi une place reconnue dans l'histoire de la famille.

L'interruption médicale de grossesse est également d'une grande violence pour l'équipe médicale formée à sauver, à soigner et non à donner la mort.

Depuis quelques décennies, l'attitude des équipes de maternité a évolué dans la prise en charge des couples venant pour la naissance d'un bébé mort ou qui va mourir. Les travaux de nombreux psychiatres et psychanalystes concernant les IMG ont montré l'importance de restaurer chez ces parents l'image d'un bébé ayant une malformation. Ces travaux ont également mis en évidence la nécessité pour les médecins d'endosser une part de la responsabilité de la décision d'IMG afin ne pas laisser les parents seuls face à ce choix et d'adoucir ainsi leur culpabilité. Nous reviendrons sur l'évolution de ces prises en charge lorsque nous aborderons les morts fœtales in utero.

Les enfants qui décèdent au cours de l'accouchement

Dans ce livre, nous n'évoquerons pas non plus les accidents qui surviennent au cours de l'accouchement. D'un point de vue psychologique, on peut considérer que leurs conséquences pour les parents sont probablement très comparables à celles d'une mort fœtale in utero.

CHAPITRE 2

LES CAUSES

« Après la fausse couche, je me suis demandé quel facteur expliquait que le bébé n'ait pas grandi. Un chromosome ? Un geste que j'aurais mal fait ? Les médecins ont dit qu'il ne fallait pas s'inquiéter, que c'était la nature. La nature d'accord, mais c'est un peu léger comme explication. Là ils vont essayer de comprendre mais ils ne sont pas sûrs de trouver une raison et nous on veut la connaître. Qu'ils essaient de savoir pourquoi ! »

Fabienne.

Une fausse couche peut avoir plusieurs causes, et résulter d'une conjonction de facteurs biologiques, infectieux et psychologiques.

Il faut tenir compte également des différences individuelles. Pour une femme donnée ces facteurs ne jouent pas toujours de façon directe et causale. On sait, par exemple, qu'une grossesse sur stérilet augmente le risque de fausse couche. Mais toutes les femmes qui sont exposées à ce facteur de risque ne font pas obligatoirement une fausse couche.

On connaît bien un certain nombre de facteurs susceptibles de provoquer une fausse couche. Environ la moitié des fausses couches sont explicables par l'un ou par plusieurs d'entre eux. Mais il reste encore beaucoup de questions sans réponse. On rencontre parfois des femmes qui, après trois, quatre, cinq ou six fausses couches, mènent leurs autres grossesses à terme, normalement, sans traitement, sans qu'on ait compris grand-chose.

Une **fausse couche précoce** est, la plupart du temps, le résultat d'un processus physiologique, naturel, par lequel un embryon présentant une anomalie est éliminé. Il est expulsé hors de l'organisme maternel qui reconnaît qu'il ne se développe ou ne fonctionne pas normalement.

À partir d'analyses systématiques effectuées sur de grands nombres d'embryons recueillis après une fausse couche précoce, on sait que plus de la moitié d'entre elles sont dues à des anomalies chromosomiques de l'embryon. Cette estimation est probablement en dessous de la réalité car les moyens dont on dispose ne permettent pas de repérer toutes les anomalies présentes ou qui peuvent se révéler au cours du développement de l'embryon.

On comprend alors pourquoi les médecins disent souvent, lors d'une première et même d'une deuxième fausse couche précoce, que « la Nature fait bien les choses », que « c'est un bienfait et qu'il valait mieux qu'il en soit ainsi ».

L'absence d'explication plus précise n'est pas satisfaisante pour les femmes. La façon positive de présenter un événement qui est rarement vécu comme un succès est également mal supportée. Il faut pourtant admettre ce point de vue positif et l'absence de réponse plus précise. L'expérience montre qu'une fausse couche précoce, isolée, a peu de chances de se reproduire et que des analyses longues, complexes et coûteuses sont souvent décevantes et injustifiées du point de vue médical.

En revanche, lors de fausses couches répétitives, on recherche toujours une explication. Dans l'état actuel des pratiques médicales, c'est à partir de la troisième fausse couche que l'on entreprend des investigations. On estime que ces fausses couches à répétition ne sont pas toujours accidentelles mais qu'elles ont une cause commune que l'on a des chances de découvrir.

Il est généralement plus simple de retrouver les causes d'une **fausse couche tardive**. Les plus fréquentes sont, chez la mère, des anomalies anatomiques comme une malformation utérine, un fibrome ou une maladie, et chez le fœtus une infection ou une malformation. Elles sont souvent évidentes et aisément repérables par des analyses, des examens, par la nature des symptômes avant et pendant la fausse couche, et d'après l'état du fœtus à l'expulsion.

La recherche de la cause d'une **mort fœtale in utero** est particulièrement importante pour éviter que l'accident se répète lors d'une grossesse ultérieure. Elle se fait au moment du diagnostic et lors de l'autopsie du fœtus. On identifie une cause dans 70 % des cas. La cause prédominante dépend du terme auquel survient l'accident. Les deux tiers des morts fœtales surviennent après trente-cinq semaines. Avant vingt-sept semaines, elles sont surtout dues à des malformations fœtales, des anomalies chromosomiques et des infections. Entre vingt-huit et trente-six semaines, les causes principales sont un retard de croissance du fœtus ou un hématome rétro-placentaire. Après trente-sept semaines, le décès est principalement dû à un accident du cordon.

Les causes liées au fœtus

L'anomalie chromosomique de l'œuf

C'est une des causes les plus fréquentes d'avortement précoce. Elle concernerait deux avortements spontanés sur trois et est à l'origine de 5 % à 15 % des morts in utero.

La plupart du temps, les anomalies ou « aberrations » chromosomiques sont dues à un accident de la réduction du nombre des chromosomes. Normalement le nombre des chromosomes passe de 46, nombre existant dans toutes les cellules humaines, à 23 dans les ovules et les spermatozoïdes par séparation de chaque paire de chromosomes. Cette séparation peut se faire de façon anormale. Par exemple, il peut y avoir un chromosome surnuméraire par passage d'une paire entière dans l'ovule ou le spermatozoïde : on a alors trois exemplaires d'un chromosome au lieu de deux. C'est ce qui se passe dans le « mongolisme » ou « trisomie 21 » où c'est le chromosome 21 entier ou en partie qui existe en surnombre chez l'enfant atteint. Une anomalie de la réduction peut au contraire entraîner une absence totale d'un chromosome (monosomie) ou d'une paire de chromosomes (aneuploïdie).

On sait peu de chose sur les mécanismes qui font qu'en présence de ces anomalies une grossesse aboutit ou non. Toutefois la plupart de ces anomalies sont fatales en tout début de grossesse et seulement 0,6 % des nouveau-nés sont porteurs de ces anomalies. Environ les trois quarts des trisomies 21 donnent lieu à un avortement spontané.

D'autres anomalies beaucoup plus rares peuvent résulter de l'union de deux spermatozoïdes et d'un ovule (ce qui donne un œuf à 69 chromosomes) ou d'une mauvaise réduction de tous les chromosomes (l'œuf possède 92 chromosomes). Ces anomalies provoquent toujours une fausse couche entre trois et six semaines d'aménorrhée.

Le risque pour l'embryon de présenter certaines anomalies chromosomiques augmente avec l'âge de la mère, surtout après quarante ans.

À de très rares exceptions près, les anomalies chromosomiques sont accidentelles et ont peu de risques de se répéter car elles ne sont que rarement le fait d'anomalies des chromosomes du père ou de la mère. Dans les avortements spontanés à répétition, les embryons ont le plus souvent des chromosomes normaux. On estime que les avortements à répétition ont plutôt une origine maternelle (utérine, infectieuse, hormonale) ou fœto-maternelle (immunologique). Toutefois, en cas d'avortements spontanés à répétition, des anomalies chromosomiques sont systématiquement recherchées chez les parents. Un examen sanguin permet d'établir un *caryotype* qui représente, en quelque sorte, la carte des chromosomes maternels et paternels. Certaines maladies familiales ou héréditaires peuvent être diagnostiquées de cette façon. Une enquête génétique permet alors de calculer le risque statistique que la maladie atteigne l'enfant d'un tel couple et qu'une fausse couche risque de se reproduire.

Des anomalies de la structure, et non plus du nombre des chromosomes, sont beaucoup plus rares. Bien qu'elles ne soient pas visibles sur le caryotype, on dispose actuellement de techniques très sophistiquées pour les repérer et les décrire.

Des malformations graves du fœtus

Elles peuvent entraîner sa mort dans l'utérus : ce sont d'importantes malformations cardiaques, digestives, nerveuses, ou parfois l'association de plusieurs malformations. Elles provoquent des avortements tardifs et des morts in utero.

Une grossesse multiple

Lorsqu'il y a plusieurs fœtus ou un sac ovulaire trop gros du fait d'une quantité de liquide amniotique excessive, l'utérus est soumis à un accroissement trop rapide, ce qui peut entraîner une fausse couche tardive, ou un accouchement prématuré. On sait que le risque de grande prématurité (naissance avant trente-trois semaines d'aménorrhée), qui est inférieur à 1 % lors d'une grossesse unique, est de 10 % en cas de grossesse gémellaire et de 25 % en cas de grossesse triple.

Il y a une augmentation du risque de mort fœtale in utero des jumeaux si le terme de grossesse de trente-huit semaines est dépassé, sans doute pour la même raison qu'il y a une augmentation du risque de mort in utero d'un enfant unique lorsque le terme de quarante et une semaines est dépassé.

Il y a d'autres causes spécifiques à la gémellité qui augmentent le risque de mort d'un des jumeaux in utero, comme par exemple l'enroulement des cordons ou le syndrome transfuseur-transfusé. Ce syndrome, très rare, résulte d'un échange de sang entre les artères et les veines dans les vaisseaux du placenta. Il y a transfusion d'un des jumeaux vers l'autre. Le risque de mort in utero concerne le fœtus transfuseur. Cette mort peut s'accompagner de complications chez le jumeau transfusé.

Le retard de croissance intra-utérin

On parle de retard de croissance intra-utérin lorsque le fœtus ne grossit pas suffisamment.

Dans les cas sévères, le retard de croissance intra-utérin peut conduire à la mort fœtale. S'il est précoce, c'est-à-dire qu'il est constaté à l'échographie de vingt-deux semaines, il peut être la conséquence d'une anomalie du fœtus, d'une infection ou d'une intoxication materno-fœtale par maladie métabolique ou par nuisances toxiques (alcool, tabac, drogues...). Lorsqu'il apparaît plus tard, il est le plus souvent d'origine vasculo-nutritionnelle, c'est-à-dire que la nutrition du fœtus à travers le placenta se fait mal. Il peut aussi être tout à fait inexpliqué.

L'anasarque fœto-placentaire

L'anasarque fœto-placentaire peut provoquer une mort in utero. C'est une infiltration hydrique sous-cutanée du fœtus et du placenta avec une trop grande quantité de liquide amniotique. Il peut être dû à une incompatibilité sanguine fœto-maternelle, comme l'incompatibilité rhésus qui provoque une anémie du fœtus. La mère fabrique des anticorps qui détruisent les globules rouges du fœtus. Cette pathologie est heureusement de plus en plus rare grâce aux mesures de prévention et aux thérapeutiques in utero.

L'anasarque peut aussi être une manifestation d'une malformation cardio-vasculaire ou pulmonaire de la mère, d'une complication de certaines infections, du diabète ou d'une maladie auto-immune. Il peut aussi ne pas avoir de cause apparente.

Les causes uniquement liées à la mère

Les malformations utérines

Ce sont les causes les plus fréquentes de fausses couches tardives. De telles anomalies sont présentes chez 0,1 % à 0,5 % des femmes :

– l'utérus peut être réduit à une petite cavité par absence d'une moitié (aplasie unilatérale) ;

– l'utérus peut présenter deux réelles cavités (utérus bicorne), parfois avec deux cols (utérus bicorne bicervical) ou bien avec un seul col (utérus bicorne unicervical) ;

– la cavité utérine unique peut être séparée en deux par une cloison (utérus cloisonné).

Dans tous ces cas, la cavité utérine se trouve réduite et il lui est difficile de supporter la croissance de l'embryon, d'autant plus que la muqueuse utérine présente également des anomalies de vascularisation. Ces malformations utérines sont surtout la cause de fausses couches tardives ou d'accouchements prématurés. Cependant, certaines sont compatibles avec une grossesse ; il suffit parfois d'une intervention chirurgicale pour corriger l'anomalie et permettre que la grossesse arrive à terme.

La cavité utérine de très petite taille (hypoplasie)

Elle est souvent associée à une atrophie de la muqueuse utérine, avec une mauvaise vascularisation. Cette pathologie se rencontre chez des femmes ayant une insuffisance hormonale et chez les filles de femmes qui ont reçu pendant la grossesse un traitement œstrogénique, le Distilbène, prescrit pour prévenir des fausses couches à répétition ou pour traiter une menace de fausse couche.

Le Distilbène a surtout été prescrit dans les années 1960 parce qu'on avait constaté qu'au moment de la fausse couche le taux d'œstrogènes était très faible. On pensait alors que ce taux faible était la cause de la fausse couche, alors qu'on sait maintenant qu'il n'est que le reflet d'une anomalie de l'œuf. Le Distilbène a été donné à environ deux cent mille femmes en France jusqu'en 1977, date à laquelle on a commencé à recenser des cancers du vagin chez des jeunes filles dont la mère avait absorbé ce médicament pendant la grossesse. Ces cas de cancers du vagin ont été, heureusement, très rares. Mais, par la suite, des anomalies moins graves de l'appareil génital ont été constatées.

Ce sont surtout des anomalies anatomiques utérines. La cavité utérine est petite, en forme de T ou de Y, avec des zones caractéristiques de rétrécissements. Ces anomalies augmentent le risque de fausse couche, notamment au deuxième trimestre de la grossesse. Mais toutes les femmes exposées au Distilbène pendant leur vie fœtale (quatre-vingt mille environ) n'ont pas de telles anomalies. Les études montrent que les deux tiers des femmes exposées ont des enfants sans problème particulier.

Les fibromes

Ce sont des tumeurs bénignes (non cancéreuses) développées aux dépens du muscle utérin. Ils sont relativement fréquents et augmentent avec l'âge. Ils existent chez environ 20 % des femmes. Ils peuvent provoquer un obstacle au bon épanouissement de l'embryon en déformant la cavité utérine, mais tout dépend en fait de leur taille et de leur localisation. Certains fibromes n'entravent pas une évolution tout à fait normale de la grossesse.

En revanche, les fibromes sous-muqueux refoulent

la muqueuse vers l'intérieur de la cavité utérine et sont peu compatibles avec une grossesse normale.

Les synéchies

L'accolement des parois de l'utérus provoqué par des cicatrices ou synéchies survenues après un curetage, par exemple, peuvent gêner l'implantation de l'embryon et provoquer des avortements spontanés.

Les polypes muqueux

Ce sont des excroissances de la muqueuse qui peuvent encombrer la cavité utérine et également provoquer des avortements spontanés.

L'endométriose

D'après des observations récentes, l'endométriose pourrait gêner la nidation de l'œuf et être à l'origine de fausses couches très précoces.

La béance du col

La béance du col peut provoquer des fausses couches tardives.

Le col peut être incontinent, c'est-à-dire rester ouvert pendant la grossesse alors que normalement il doit être fermé et tonique. C'est ce qu'on appelle la béance du col. Cette béance peut être congénitale, c'est-à-dire exister depuis la naissance, ou éventuellement être associée à une pathologie utérine. Un col petit et béant peut être une des conséquences du Distilbène.

Des curetages ou des interruptions volontaires de grossesse tardives, répétées ou faites dans de mauvaises conditions peuvent aussi être la cause d'une béance du col. Une intervention chirurgicale sur le col, pour lésion anormale, par exemple l'ablation d'un morceau du col ou conisation, peut également provoquer une béance.

Une origine infectieuse

Une fausse couche précoce ou tardive ou une mort in utero peuvent être d'origine infectieuse : bactérienne, virale ou parasitaire. L'infection peut être véhiculée par la voie sanguine à travers le placenta. Le plus souvent, c'est une béance du col, un placenta bas inséré, une fissure ou une inflammation des membranes, qui favorisent l'infection par voie ascendante.

Les **infections bactériennes** sont dues à des :
– mycoplasmes qui sont des germes de maladie sexuellement transmissible ;
– rickettsies qui sont des germes transmis par des insectes, principalement les poux ;
– listerias qui sont des germes présents dans le lait de vache et certains fromages à pâte crue.
– streptocoques B, colibacilles, germes anaérobies, souvent présents dans le vagin.
Le traitement antibiotique est efficace pour lutter contre les infections bactériennes.

Les **infections virales** sont dues aux :
– virus de l'hépatite B qui est transmis essentiellement par voie sexuelle ou sanguine ;
– virus de la grippe, de la rubéole, de l'herpès, de la varicelle et du zona ;
– cytomégalovirus qui se transmettent essentiellement par les sécrétions sexuelles, les selles et le sang ;
– parvovirus, virus sexuellement transmissibles responsables des condylomes (ou « crêtes de coq »).

Il n'existe pas de traitement efficace contre les infections d'origine virale.

Les **infections parasitaires** sont dues aux :

– toxoplasmes, dont la transmission se fait par ingestion de viande crue ou par de la terre contaminée par des chats ;

– parasites tropicaux comme le plasmodium (responsable du paludisme), les amibes, les schistosomas (parasites de la bilharziose), les trypanosomes (parasites de la maladie du sommeil).

Il n'y a pas de traitement efficace pour lutter contre une infection parasitaire après le début de la grossesse.

Toutes ces infections déclenchent la fausse couche ou la mort fœtale in utero, soit par contamination de la muqueuse utérine, provoquant une endométrite qui la rend impropre à une bonne nidation, soit par une infection directe qui entraîne la mort de l'embryon ou du fœtus.

Les maladies générales ou métaboliques graves

Le diabète, une maladie rénale ou hépatique, une hypertension artérielle sont associés à une augmentation du risque de fausse couche tardive ou de mort in utero. Leur rôle sur des complications de la grossesse est bien connu et la grossesse des femmes atteintes de ces maladies est toujours l'objet d'une surveillance médicale particulière.

Le **diabète sucré** se caractérise par une quantité trop importante de sucre dans le sang. Ce peut être un diabète connu avant la grossesse et déjà traité ou bien un diabète dit gestationnel, c'est-à-dire apparaissant pendant la grossesse et disparaissant après l'accouchement.

Le **diabète gestationnel** doit être dépisté pour être traité ; pour cela on fait une recherche du sucre dans le sang, entre le cinquième et le sixième mois de la grossesse. Il est nécessaire de traiter le diabète gestationnel car le glucose passe la barrière placentaire et provoque des perturbations métaboliques fœtales. Le fœtus risque d'être trop gros (on parle de macrosomie), d'être en anasarque, et le liquide amniotique risque d'être trop abondant.

Le diabète préexistant, qu'il soit insulino-dépendant ou non, doit être équilibré au moment de la conception et pendant toute la grossesse.

Les **pathologies hépatiques gravidiques** se manifestent par un prurit généralisé, parfois un ictère.

La *cholestase hépatique* est une atteinte rare du foie qui augmente la sécrétion des acides biliaires. On n'en connaît pas la cause. Elle peut provoquer un empoisonnement du fœtus et sa mort in utero brutale.

Le *HELLP syndrome* est une complication très rare et très grave de l'hypertension artérielle. Ce syndrome est associé à des troubles de la coagulation et à une souffrance hépatique. Il est le plus souvent accompagné de violentes douleurs abdominales.

La *stéatose hépatique aiguë*, rarissime, est une souffrance aiguë du foie. Elle s'accompagne également d'un risque de mort fœtale in utero.

L'hypertension artérielle peut être responsable d'un retard de croissance et d'une souffrance du fœtus pouvant entraîner sa mort. Elle peut être préexistante à la grossesse ou y être associée dès le début. Si elle apparaît plus tardivement, c'est-à-dire après vingt semaines, il s'agit d'une hypertension gravidique pure (ou dysgravidie), qui régressera après l'accouchement.

L'hypertension avec toxémie (ou pré-éclampsie) est une complication de l'hypertension artérielle. Elle s'accompagne d'une hypertension importante, d'œdèmes, d'une protéinurie élevée et d'un risque accru de mort fœtale. Elle peut également se compliquer d'un hématome rétro-placentaire ou du HELLP syndrome.

L'éclampsie est une complication très rare de la pré-éclampsie, associant des convulsions et un coma.

Les dérèglements hormonaux

Une hyperproduction de l'hormone prolactine par l'hypophyse, une insuffisance thyroïdienne, ou ovarienne, ou encore un dysfonctionnement des glandes surrénales peuvent être à l'origine de fausses couches. Ces dérèglements hormonaux provoquent, selon les cas, des cycles menstruels irréguliers, une ovulation défectueuse ou une sécrétion de progestérone insuffisante qui rend la muqueuse utérine impropre à la nidation. Il arrive que ces dérèglements, ignorés jusqu'alors, soient révélés au cours des examens effectués après plusieurs fausses couches.

L'âge de la mère

Il joue un rôle, surtout après quarante ans. Le risque de fausse couche et de mort in utero est accru parce que la fréquence des anomalies chromosomiques augmente avec l'âge. Le risque lié à d'autres causes augmente aussi avec l'âge, comme par exemple des dysfonctionnements hormonaux ou des fibromes ou une hypertension artérielle.

Des causes annexielles

Elles sont essentiellement placentaires. Elles provoquent des fausses couches tardives ou des morts in utero.

L'**hématome rétro-placentaire** est un décollement prématuré du placenta normalement inséré. C'est une des principales causes de mort fœtale par arrêt des apports maternels. Il est favorisé par l'hypertension artérielle ou par un choc abdominal. Parmi d'autres causes possibles, on peut citer les grossesses gémellaires, les malformations fœtales, le tabagisme, l'alcool, la cocaïne, la rupture prématurée de la poche des eaux. L'hématome rétro-placentaire se traduit par une contraction utérine très forte, très douloureuse et prolongée, avec des pertes de sang noir, et une sensation de malaise.

Le **placenta praevia** est une mauvaise position du placenta. Il est inséré trop bas, peut parfois recouvrir le col et provoquer une hémorragie importante et la mort du fœtus. Il est le plus souvent sans cause, même s'il est parfois associé au tabagisme ou à des antécédents de curetages ou de césariennes.

L'**infarctus placentaire** est une nécrose d'une partie du placenta. Il est le plus souvent dû à une hypertension artérielle, à un dépassement du terme de quarante et une semaines pour un fœtus unique et de trente-huit semaines pour des jumeaux ou à des troubles de l'hémostase (coagulation sanguine).

Les **accidents du cordon** sont soit une circulaire, c'est-à-dire que le cordon est enroulé autour du cou du fœtus, soit un nœud ou des enroulements autour du fœtus, qui freinent ou arrêtent les échanges avec le placenta.

D'AUTRES CAUSES ?

Une origine immunologique

Devant la difficulté à expliquer de nombreuses fausses couches à répétition, on a avancé l'hypothèse d'une origine immunologique. Tout se passerait comme si l'embryon par sa présence provoquait une réaction de rejet de la part de l'organisme maternel. On observe fréquemment un tel phénomène de rejet lorsque l'on greffe à quelqu'un un organe ou un tissu qui ne lui appartient pas. La grossesse pourrait ainsi être considérée comme une greffe naturelle, physiologique, d'un « tissu » vivant d'origine étrangère pour moitié puisque l'embryon est constitué d'éléments maternels et paternels.

On s'est rendu compte que la grossesse est le résultat de l'opposition de deux tendances : l'une de rejet, l'autre de tolérance. Quand tout se passe bien, c'est l'acceptation qui l'emporte. La mère fabrique alors des anticorps, appelés anticorps antipaternels. Le trophoblaste joue un rôle essentiel de régulateur en élaborant certaines substances et en formant des sortes d'« éponges » absorbant les éléments sécrétés par l'organisme maternel contre des éléments venant du père.

Dans le sang des femmes qui font des fausses couches à répétition, on a retrouvé des facteurs de destruction embryonnaire dont le mécanisme d'action est comparable à celui d'une réaction de rejet de greffe. C'est ce qu'on appelle des « facteurs cytotoxiques ».

Ils provoquent des lésions des vaisseaux sanguins du trophoblaste, aboutissant à la destruction de l'œuf.

Le même phénomène de rejet peut se produire lorsque la mère est atteinte d'une maladie auto-immune. Ce type de maladies est très rare, les plus connues étant le lupus érythémateux aigu disséminé et le syndrome des antiphospholipides. Dans ce cas, l'organisme fabrique des anticorps vis-à-vis de ses propres tissus et des « anticoagulants circulants » qui provoquent la destruction de l'œuf par thrombose placentaire. Il peut arriver que ce soit après des fausses couches et une mort in utero que l'on découvre l'existence d'une maladie de ce type ignorée jusqu'alors.

Les anomalies de la coagulation (thrombophilies) sont des anomalies constitutionnelles ou acquises de la coagulation qui exposent le sujet à des risques de thrombose veineuse ou artérielle. Elles provoquent des thromboses au niveau des villosités du trophoblaste ou du placenta et sont à l'origine de fausses couches précoces, de souffrance fœtale et de mort in utero.

Les gestes médicaux ou chirurgicaux

On pense, mais ce n'est pas certain, que les grossesses obtenues après **traitement de stérilité**, principalement après induction de l'ovulation, sont plus fragiles, avec un taux d'avortements spontanés légèrement supérieur au taux habituel.

Le risque de fausse couche ou de mort fœtale in utero après assistance médicale à la procréation n'est pas nettement établi. Les estimations des risques associés à la fécondation in vitro (transfert dans l'utérus d'un œuf après fécondation en éprouvette) varient selon la méthode et le moment choisis pour diagnostiquer la grossesse.

En revanche, le risque de fausse couche tardive, de mort fœtale in utero ou d'accouchement prématuré est plus élevé si la grossesse obtenue après traitement est une grossesse multiple, ce qui a plus de risques de se produire que lors d'une conception naturelle. Les traitements inducteurs de l'ovulation, par exemple, peuvent entraîner l'émission de plusieurs ovules et il peut arriver qu'ils soient tous fécondés. Dans le cadre de la fécondation in vitro (FIV), le risque d'obtenir une grossesse multiple est également augmenté puisque, pour accroître les chances d'obtenir une grossesse, on transfère deux ou, plus exceptionnellement, trois embryons.

Lorsque, après un traitement de la stérilité, la grossesse comporte trois ou plus de trois embryons il arrive que l'on effectue une **réduction embryonnaire** ou interruption sélective de grossesse. On élimine un ou plusieurs embryons et on réduit ainsi leur nombre. Le but est d'éviter les difficultés associées aux grossesses multiples de haut rang, en particulier la grande prématurité et les problèmes psychologiques, sociaux et économiques que rencontrent les familles. L'interruption sélective de grossesse peut aussi être pratiquée lorsque l'un des embryons ou l'un des fœtus présente une anomalie.

L'intervention n'est pas sans risque, elle peut entraîner l'avortement d'une partie ou de la totalité des embryons restants. Elle n'est réalisée que dans quelques centres spécialisés. Aujourd'hui il y a un consensus pour réduire à deux les grossesses de trois embryons ou plus. Pour les couples qui y ont recours, c'est un geste difficile à vivre, paradoxal car en rupture totale avec leur passé de lutte contre la stérilité.

Il ressort des différentes recherches aussi bien dans le domaine médical que psychologique que la réduction embryonnaire n'est qu'un pis-aller. Une meilleure maîtrise des traitements de la stérilité devrait permettre d'éviter les grossesses multiples de trois et plus de trois embryons, et le recours à la réduction embryonnaire.

D'autres gestes chirurgicaux effectués pendant la grossesse peuvent comporter un risque de fausse couche. Il s'agit des techniques de dépistage prénatal : la biopsie du trophoblaste et l'amniocentèse. L'**amniocentèse** est une ponction du liquide amniotique faite à quinze semaines d'aménorrhée, avec une aiguille transabdominale. On pratique une amniocentèse à partir de trente-huit ans ou bien s'il existe une maladie familiale pouvant être détectée par l'analyse du liquide amniotique, ou encore si un dosage de HCG fait à quinze semaines paraît trop élevé. Il peut être le signe d'une anomalie chromosomique. L'amniocentèse peut être faite plus tard dans la grossesse après une anomalie repérée à l'échographie. La **biopsie du trophoblaste**, encore appelée « prélèvement des villosités choriales », faite en tout début de grossesse, à dix ou onze semaines d'aménorrhée, consiste à prélever un minuscule morceau de trophoblaste. Deux techniques sont possibles : on utilise soit une pince à biopsie introduite par le col (voie transcervicale) sous contrôle échographique, soit une aiguille à ponction par voie transabdominale. L'amniocentèse présente un risque de 1 % à 2 % d'avortements. Pour la biopsie du trophoblaste, le risque varie en fonction de la technique utilisée : il est de 4 % à 7 % d'avortements si la biopsie est transcervicale, et de 2 % à 4,5 % si elle est transabdominale.

Lorsque l'on recherche des anomalies ou des infections du sang fœtal, on pratique parfois une **ponction du sang du cordon ombilical**. Cette intervention provoque un risque d'avortement.

L'**embryoscopie**, qui est pratiquée dans des cas exceptionnels, permet de rechercher des anomalies héréditaires très rares au niveau des extrémités des membres et de la tête de l'embryon. Cet examen consiste à aller regarder l'embryon à l'intérieur de la cavité amniotique à l'aide d'un endoscope. Il présente un risque d'avortement.

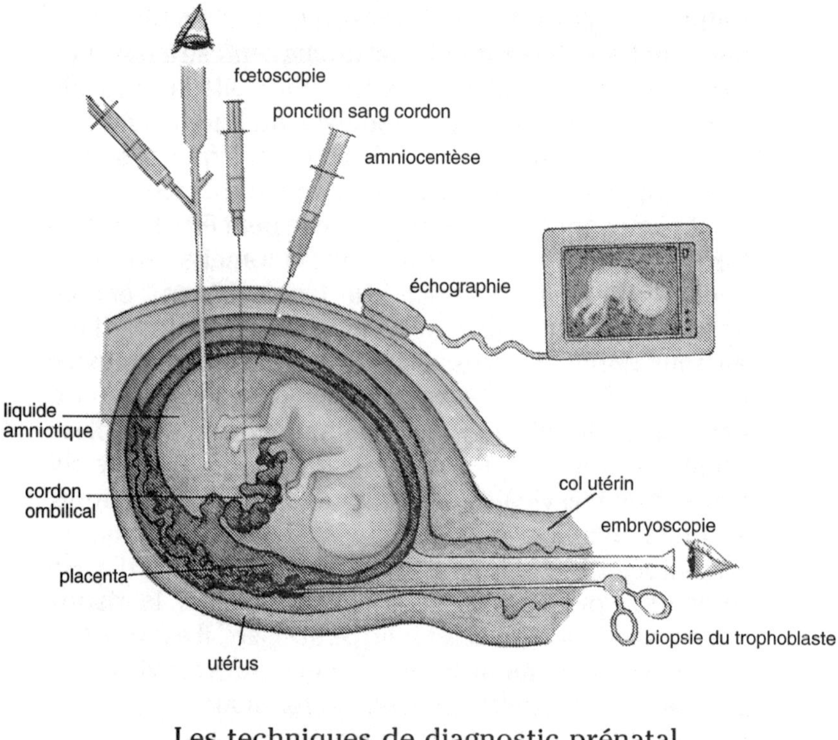

Les techniques de diagnostic prénatal

Certains **vaccins** sont déconseillés pendant la grossesse car ils peuvent entraîner un avortement spontané. Ce sont en particulier les vaccins qui provoquent une forte poussée de fièvre. Il s'agit par exemple des vaccins contre la fièvre jaune, contre la rougeole, contre la typhoïde A et B.

Lorsqu'un vaccin est envisagé en cours de grossesse il est donc nécessaire de tenir compte des risques de fausse couche. Dans certains cas (fièvre jaune par exemple), les risques sont inférieurs à ceux de la maladie. De toute façon, c'est en discutant avec le médecin qui suit la grossesse que la meilleure décision pourra être prise.

Certains **médicaments** sont connus pour augmenter le risque de fausse couche, en particulier ceux qui font partie du traitement du cancer. Si une grossesse survient accidentellement au cours d'un tel traitement, on pratique une interruption médicale de grossesse car on craint une anomalie de l'embryon.

Certains médicaments sont *tératogènes*, c'est-à-dire qu'ils peuvent provoquer une malformation de l'embryon, surtout s'ils sont pris en tout début de grossesse. D'autres peuvent avoir un effet sur le placenta, empêchant un bon échange entre la mère et le fœtus. Leur liste est établie et bien connue. Pour d'autres on est dans le doute et il vaut mieux être prudent et attendre les preuves qu'ils sont sans danger pendant la grossesse. D'une façon générale, il est préférable d'éviter de prendre des médicaments, à l'exception de ceux prescrits par un médecin qui est au courant de la grossesse en cours.

Les risques liés à la vie quotidienne

Parmi les échecs de la **contraception**, seules les grossesses sur stérilet ont un plus grand risque de s'interrompre, que le stérilet soit enlevé ou laissé en place. Le risque principal est celui d'une infection. Un risque mécanique, comme le décollement de l'œuf, est beaucoup moins évident. Si les fils du stérilet sortent du col, le risque infectieux dû à la présence des fils dans le vagin est très important, il faut donc impérativement enlever le stérilet. Si les fils ne sont plus perceptibles, le risque est nettement réduit car le col est fermé et fait barrage aux infections. On peut fort bien mener une grossesse à terme dans ces conditions.

Aucune augmentation du risque d'avortement spontané n'a été observée après un échec des crèmes ou ovules spermicides, ou du préservatif, du diaphragme ou même de la pilule.

Une grossesse débutant le premier cycle après l'interruption de la pilule n'est pas plus fragile qu'une grossesse pour laquelle un délai aurait été observé.

Les **accidents corporels** sont des causes peu fréquentes d'avortement spontané précoce. Plus tard dans la grossesse, un choc violent ou une blessure peuvent tuer le fœtus soit directement, soit indirectement en provoquant une hémorragie ou un décollement du placenta.

Les **examens gynécologiques**, les **rapports sexuels** n'augmentent pas les risques de fausse couche, non plus qu'une **activité sportive non violente**, pratiquée habituellement.

La majorité des études sur les effets de l'**activité professionnelle** n'ont pas trouvé de lien avec les avortements spontanés.

Toutefois certaines conditions de travail semblent être des facteurs de risque. Il a été montré que les soignantes qui manipulent certains traitements anticancéreux, les antimitotiques, ont un risque plus élevé de faire des avortements spontanés. Le danger réside dans le contact cutané et l'inhalation de ces produits. Le travail dans de bonnes conditions de protection et le port d'un masque et de gants sont donc indispensables.

Les femmes exposées aux produits anesthésiants (anesthésistes, infirmières, aides-soignantes, dentistes) semblent avoir un risque plus élevé d'avortement spontané.

Les radiations ionisantes ne sont pas dangereuses si elles ont été reçues à l'occasion d'un examen médical ou d'un passage de détection dans un aéroport, mais elles peuvent l'être pour des femmes travaillant quotidiennement à leur contact (radiologues, manipulatrices radio, laborantines, etc.). Ces radiations peuvent entraîner des anomalies chromosomiques et avec elles un risque accru d'avortements spontanés ; il est donc indispensable également de s'en protéger.

Une exposition prolongée au plomb est une cause d'avortement spontané bien connue. On peut être exposé dans le cadre d'une activité professionnelle ou lorsque l'on vit à proximité d'une fonderie. Les risques sont plus élevés si la mère et le père sont exposés.

Le port de charges lourdes ou toute autre activité professionnelle nécessitant un effort physique répété augmente le risque de fausse couche.

Le travail sur écran a été incriminé comme un facteur de risque possible d'avortement spontané mais plusieurs études récentes infirment cette éventualité.

Les consommatrices de **boissons alcooliques** ont un risque accru d'avortement spontané et de mort in utero. D'après certaines études, le niveau de consommation à partir duquel le risque de fausse couche augmente semble être très faible (un verre de vin ou de bière par jour). Chez les femmes qui fument du **tabac** également, il y a davantage d'avortements spontanés, surtout au deuxième trimestre de la grossesse, et de morts fœtales in utero par hématomes rétroplacentaires, On estime que 10 % des pertes fœtales sont dues à une consommation excessive de tabac. Plus la consommation est élevée, plus le risque augmente. De façon générale, la toxicité de l'alcool et du tabac pour l'embryon et le fœtus a été largement démontrée et ce, dès le début de la grossesse. Il est donc préférable de restreindre sa consommation.

Les risques d'avortements spontanés et de morts fœtales sont également augmentés en cas de consommation de **drogues dures** (cocaïne, héroïne).

La **malnutrition** peut provoquer des avortements à tous les stades de la grossesse.

CHAPITRE 3

LES PREMIERS SIGNES

Quand tout va bien

> « Au début de la grossesse, tout était normal. C'était ma troisième grossesse et mes migraines disparaissent quand je suis enceinte. J'étais un peu fatiguée, j'avais mal au dos, j'ai grossi beaucoup, comme d'habitude au début. J'avais aussi mal aux seins, je savais par là que j'étais enceinte. » (Dominique.)

En général, le premier signe objectif de grossesse est l'absence de règles à la date prévue. Pour celles qui prennent leur température matinale, le maintien de celle-ci aux environs de 37 °C pendant dix-huit jours représente un signe de grossesse évident.

La preuve formelle de la grossesse est apportée par un test de grossesse, urinaire ou sanguin, qui permet de rechercher l'hormone HCG. L'examen sanguin est très sensible et peut être pratiqué dès le premier jour de retard des règles (et même un peu avant). L'examen des urines, que l'on peut faire soi-même à la maison, confirme la grossesse un peu plus tardivement.

À partir d'un mois environ, le médecin, à l'examen clinique, trouve un utérus augmenté de volume, globuleux et ramolli.

À quelques jours près, la date de la conception peut être donnée par l'échographie.

Indépendamment de ces preuves objectives, certaines femmes se sentent enceintes avant même le premier jour de retard. Par exemple Rose raconte :

> « Je n'ai pas besoin de retard de règles ni d'analyses pour savoir que je suis enceinte. Il doit y avoir une transformation physiologique qui fait que je me sens très, très bien ; est-ce dû à un équilibre hormonal ? J'ai l'impression de planer, de voler. »

Le cas de Rose n'est pas exceptionnel : pour certaines femmes, l'état de grossesse s'accompagne d'un « mieux-être » ; les malaises habituels tels que les migraines ou les problèmes de sommeil disparaissent pendant cette période.

La grande majorité des femmes présentent en revanche, au début de la grossesse, des symptômes, appelés médicalement **signes sympathiques de grossesse**. Ils sont liés aux bouleversements hormonaux qui accompagnent la grossesse. Plus d'une femme sur deux a des nausées ou des vomissements, les seins tendus, parfois douloureux. La fatigue, avec des périodes de somnolence pendant la journée, est aussi très fréquente.

Ces symptômes sont bien connus et la plupart des femmes les attendent comme une preuve de la grossesse. Leur absence peut même être interprétée après coup comme un signe anormal. Celles qui ont déjà des enfants disent parfois, après une fausse couche, qu'elles ne se sentaient pas « vraiment » enceintes, que tout allait « trop bien ». Emmanuelle raconte :

« Je n'avais aucun symptôme, l'œuf ne devait pas être normal. Quand je suis enceinte, je suis plus fatiguée que ça, cela me paraissait bizarre. »

À l'exception des vomissements graves, appelés vomissements « incoercibles », qui provoquent une importante perte de poids et nécessitent un traitement approprié et une hospitalisation, tous ces symptômes sont normaux et cessent, en général, à la fin du troisième mois. Des études ont montré qu'ils ne préjugent en rien du déroulement ultérieur de la grossesse. En suivant des femmes tout au long de leur grossesse, des chercheurs ont constaté que celles qui avaient des nausées et des vomissements au début avaient moins de risques de faire une fausse couche que celles qui n'en avaient pas.

Des douleurs abdominales sont également assez fréquentes et normales en début de grossesse. Il est habituel de ressentir une pesanteur, une congestion dans le bas-ventre, comme si les règles allaient arriver. Ces sensations peuvent exister au cours du premier mois.

Peuvent survenir aussi des douleurs plus fortes qui sont des douleurs d'origine utérine liées à ce qu'on appelle un utérus rétroversé. Habituellement l'utérus est dirigé vers l'avant mais, chez certaines femmes, il est au contraire dirigé vers l'arrière et repose sur le rectum (ce qui est une autre position anatomique normale). À l'occasion de la grossesse l'utérus se redresse vers l'avant pour pouvoir s'épanouir normalement, ce qui peut provoquer des douleurs.

Autre source d'inconfort, les crampes ligamentaires qui sont dues à l'élongation des ligaments ronds soutenant l'utérus. Ce sont des douleurs violentes, le plus souvent bilatérales, qui irradient vers l'aine. Elles sont provoquées par des changements brusques de position.

On peut souffrir également de douleurs digestives, coliques accompagnant une constipation, de douleurs urinaires souvent liées à une cystite, de douleurs lombaires enfin qui irradient vers l'abdomen. Les douleurs lombaires sont généralement associées à une cambrure importante de la colonne vertébrale.

Le début de la grossesse entraîne aussi des **modifications psychologiques**. La grossesse est dans la plupart des cas source de joie et de satisfaction profonde mais il n'est pas rare, surtout au début, que cette attitude globalement positive soit tempérée par des sentiments plus négatifs. C'est ce que l'on appelle l'ambivalence du début de la grossesse. Elle a parfois un point de départ physique : la fatigue et les nausées altèrent inévitablement l'entrain et la bonne humeur... À cela viennent s'ajouter les peurs « normales » de la grossesse, celles que la plupart des femmes connaissent à un moment ou à un autre : peur pour l'enfant ou peur pour soi-même. Les préoccupations, les doutes sur les bouleversements que, tôt ou tard, une grossesse et une naissance vont entraîner, contribuent également à troubler le vécu du début de la grossesse.

C'est à travers une sensibilité excessive, des sautes d'humeur, un caractère un peu plus difficile, des inquiétudes, des rêves, des cauchemars que le malaise s'exprime. Ces changements sont banals et fréquents.

Katia, dont c'est la première grossesse, raconte :

> « En principe, il ne devrait pas y avoir de problème, tout va très bien, ma grossesse est très désirée. Et pourtant je me sens mal, j'ai beaucoup de nausées, je vomis chaque matin. Je ne suis pas à prendre avec des pincettes ; tout le monde m'agace : mon mari, mes collègues de bureau, c'est pareil ! »

Les vomissements peuvent-ils être le signe de l'ambivalence à l'égard de la grossesse, voire d'un

« rejet » inconscient ? Il est tout à fait possible que dans certaines situations des facteurs psychologiques jouent un rôle pour déclencher ou accentuer ce symptôme dont l'origine hormonale est cependant bien établie.

Cécile a observé qu'elle vomissait surtout le weekend, lorsque son ami était là. Il était très réticent vis-à-vis de la grossesse. Elle raconte :

> « Le week-end je vomis davantage. Je discute beaucoup avec mon ami. La grossesse lui fait très peur. Dès que j'ai une contrariété, je vomis. »

Le traitement des « vomissements incoercibles » ou « vomissements graves » de la grossesse prend en compte cette dimension psychique puisqu'il associe médicaments et psychothérapie.

L'ambivalence du début de la grossesse peut être associée au passé, à des difficultés anciennes. Ainsi Francine a beaucoup hésité avant sa grossesse. Elle garde de mauvais souvenirs de ses relations avec sa mère. Elle explique :

> « Vu mon âge, quarante et un ans, je pensais que c'était bien de faire un enfant, mais je n'étais pas convaincue. C'est surtout mon ami qui voulait un enfant. Avant j'ai fait deux IVG. Moi, je trouve qu'avoir un enfant pour soi c'est vraiment égoïste. C'est pénible d'être mère. Il faudrait que certaines mères ne soient pas égoïstes comme ma mère l'a été. Moi, au début, je ne voulais surtout pas me sentir enceinte, je n'ai rien dit à mon entourage, je me sentais très fatiguée, je n'avais vraiment pas le moral. »

Le vécu de l'enfance, la qualité des relations que l'on a eues avec ses parents, avec sa propre mère, peuvent expliquer l'importance de la difficulté à vivre le début d'une grossesse.

Tous les symptômes du début cessent progressivement. Vers la fin du troisième mois, le corps s'adapte à l'état de grossesse. L'ambivalence et les doutes laissent place à une période plus sereine. Par ses mouvements, l'enfant renforce les liens que sa mère tisse avec lui depuis le début de la grossesse.

Les signes annonciateurs de la fausse couche

« J'étais à dix semaines de grossesse. Dans la nuit de lundi à mardi, j'ai eu mal au dos. Des douleurs insupportables, comme de fortes poussées. Mardi matin, mes seins étaient dégonflés. Je suis allée travailler ; à dix heures, j'ai perdu du sang. Je suis allée voir mon médecin. Il m'a dit que ce pouvait être soit une fausse couche, soit des saignements de règles, soit le placenta. Dans la nuit, les douleurs très fortes sont revenues et j'ai perdu des caillots. Mercredi matin, avec mon mari, nous sommes venus à l'hôpital ; on m'a dit que c'était une fausse couche. On m'a gardée pour faire une aspiration. » (Paule)

Les premiers signes d'une fausse couche diffèrent en fonction de l'âge de la grossesse.

Les signes annonciateurs d'une fausse couche précoce

Plus des trois quarts des fausses couches ont lieu avant trois mois de grossesse. À ce stade, le signe d'alerte habituel est l'apparition de **saignements**.

Rose raconte :

« Hier matin, des gouttes de sang ont coulé en prenant ma douche. Dans l'après-midi, les saignements ont repris. Puis, en début de soirée, c'était la débâcle ; j'ai appelé SOS médecin qui m'a conseillé de venir aux urgences. »

Cécile a une expérience comparable, mais les saignements ont duré plus longtemps et par intermittence :

> « Mes saignements ont commencé en août. J'étais en vacances en Grèce. Le médecin m'a dit de ne pas trop m'inquiéter parce que c'est normal parfois, au moment des règles. Puis ça s'est calmé, mais à mon retour ça a recommencé. Quand j'ai vu que ça n'arrêtait pas, je suis venue consulter. Cela faisait trois, quatre jours que je saignais. J'étais complètement pompée, fatiguée, très fatiguée. »

Des petits saignements intermittents, traînants, peuvent être physiologiques, donc normaux en début de grossesse. Des études signalent leur existence chez plus de 20 % des femmes dont la grossesse évolue ensuite normalement.

En revanche, une hémorragie brutale, c'est-à-dire un saignement abondant, continu, accompagné de caillots et de fragments de tissus, est le signal évident qu'une fausse couche se déclare.

C'est de cette façon que la fausse couche de Christine s'est déroulée :

> « Avant le dîner, j'ai eu des saignements peu abondants. Après, j'ai évacué beaucoup de sang clair, des caillots comme des boules qui s'étalaient dans les toilettes. Mon utérus se vidait... »

La **douleur** n'est pas forcément le reflet d'un début de fausse couche. Son absence ne permet pas non plus d'écarter la possibilité d'un arrêt du développement de l'œuf. Lors d'une fausse couche, elle peut se manifester au début sous la forme de crampes, ou de douleurs de règles, le plus souvent en même temps que les saignements.

Pour Jacqueline, ce premier signe n'a pas été inquiétant d'emblée :

> « Il y a deux jours, j'ai eu mal au ventre au bureau, vers dix-sept heures. Je suis allée chercher ma fille à l'école. À vingt et une heures, je perdais du sang, très peu. J'ai pensé que cela allait peut-être se calmer. J'ai très bien dormi. Le lendemain matin à sept heures j'ai eu des douleurs violentes, je suis venue à l'hôpital. »

La **disparition des signes d'accompagnement** de la grossesse peut également signifier qu'elle est arrêtée et annoncer une fausse couche. Dans ce cas, les nausées disparaissent, les seins dégonflent et ne sont plus douloureux.

Une **échographie** est pratiquée à douze semaines. Elle sert à préciser la date du début de grossesse, à vérifier le nombre d'embryons et à mesurer la clarté nucale qui est un test de dépistage de la trisomie 21. Une échographie est systématique avant une biopsie de trophoblaste ou une amniocentèse.

Lors de l'échographie, il arrive que l'on constate que la grossesse est arrêtée en l'absence de tout symptôme. En effet, un œuf mort peut rester en place pendant quatre à dix semaines avant d'être expulsé. Les signes échographiques d'une grossesse arrêtée sont soit une absence d'embryon dans le sac ovulaire, c'est ce qu'on appelle un « œuf clair », soit une destruction de l'embryon, soit des anomalies morphologiques de l'embryon dans sa cavité. Les signes de vitalité que sont les mouvements actifs et l'activité cardiaque sont absents. Le sac ovulaire tout entier est de dimension trop faible pour l'âge de la grossesse, ou a perdu sa forme sphérique.

C'est le plus souvent par l'échographie que les femmes apprennent l'arrêt de la grossesse. Ce diagnostic crée un effet de surprise d'autant plus brutal qu'il n'est étayé par aucune sensation physique particulière. L'image échographique est la seule preuve que la grossesse est interrompue.

Cécile raconte :

« C'est à l'échographie que j'ai appris que... qu'il y avait un fœtus mais qu'on ne trouvait pas le cœur. La personne qui faisait l'examen m'a dit : bon, c'est une petite fausse couche. Elle voulait parler gentiment. Elle m'a rassurée : ça arrive souvent, ça arrive à beaucoup de femmes, c'est une petite erreur de parcours, ce n'est pas grave. Elle était très gentille, mais on reçoit un tel choc ! J'étais venue voir un bébé qui bougeait, un bébé en pleine forme et puis... plus rien, on a toujours son petit ventre et on sait que c'est mort depuis... elle m'a dit qu'il était mort depuis quelque temps déjà. Heureusement que mon mari n'était pas là. Il aurait eu le même choc que moi. On a eu beaucoup de mal à s'en remettre. »

Ce « choc », comme le dit Cécile, explique pourquoi la première réaction est parfois une réaction de refus : « c'est impossible, l'appareil ne fonctionne pas » ou bien « le médecin échographe s'est trompé ».

Nadine est allée chez le médecin pour faire constater sa grossesse :

« Il l'a trouvé petit, il a demandé une échographie. Là, on m'a dit que la grossesse était arrêtée, que j'allais faire une fausse couche. J'étais très déçue, je n'ai pas bien réagi. En même temps, j'avais l'espoir qu'il se trompait. Au bureau, les gens ne voulaient pas me croire, ils disaient : "C'est des machines." Ma mère disait : "Quand un enfant est mort, il sort." Tout le monde pensait que ça n'était pas vrai. Chaque personne me donnait une autre adresse d'échographe. La prochaine fois, je ne ferai pas d'échographie aussi tôt, c'est trop dur. »

Les signes annonciateurs d'une fausse couche tardive

Les fausses couches tardives, c'est-à-dire après trois mois de grossesse, sont peu fréquentes. Elles représentent moins d'un quart de la totalité des fausses couches.

Au début, les symptômes sont identiques à ceux rencontrés lors d'un accouchement. Il peut y avoir des contractions utérines douloureuses et régulières ou un écoulement brusque par la vulve d'une quantité importante de liquide. Des saignements, de la fièvre sont des symptômes plus rares.

Danièle attendait des jumeaux et, à quatre mois et demi de grossesse, elle a eu des contractions :

« C'était la première menace, suivie d'une hospitalisation d'une semaine. Quand je suis sortie, les contractions avaient bien diminué, je suis restée dix jours tranquille. Puis je suis revenue à l'hôpital, avec des contractions de plus en plus fortes et douloureuses. On a fait des perfusions. À trois heures du matin, on a tout arrêté, on a laissé évoluer, ça n'était plus la peine. »

Sylvie avait dépassé le cinquième mois :

« J'ai perdu les eaux un dimanche soir. J'ai attendu toute la nuit et suis venue le lundi matin. Je me suis inquiétée, mais je le sentais quand même bouger. Je suis venue ici aux urgences. L'interne a dit que c'était peut-être seulement fissuré. Ils m'ont hospitalisée. On a fait des examens. Je me sentais bien, je n'avais pas de contractions. Mardi ils m'ont fait une échographie. J'ai demandé : "Il n'y a plus rien à faire ?" Elle m'a dit : "Non." Là, j'ai craqué. On craque très, très fort parce qu'on le voit pour la dernière fois, on le voit qui est là, prêt à sortir. Dès que je suis sortie de l'échographie, les contractions ont commencé. »

Les réactions immédiates aux premiers symptômes de fausse couche

La grande majorité des femmes ont songé au début de leur grossesse à la possibilité de faire une fausse couche. « Je savais que cela pouvait m'arriver. J'ai une collègue qui en a fait deux coup sur coup », dit Mireille.

Aux premiers signes anormaux, elles pensent tout de suite à une fausse couche : « Qui dit perte de sang, dit fausse couche, j'ai dû l'entendre dire ! », explique Marie-Claude. Anne affirme : « Dès les premières douleurs je savais que c'était une fausse couche. »

Le fait de connaître l'éventualité de la fausse couche ou de s'y préparer ne rend cependant pas sa réalité immédiate plus facile à vivre. Aux premiers symptômes, ce sont l'inquiétude et la tristesse qui prédominent. Chacune les gère à sa façon. Certaines minimisent les symptômes en gardant espoir, comme Cécile qui raconte :

> « Quand je me suis mise à saigner, moralement, je ne l'ai pas bien pris. J'ai eu l'espoir que ça tienne. D'une semaine à l'autre, je me disais : il y aura peut-être une évolution favorable. »

D'autres « craquent » plus ouvertement :

> « C'était le désespoir le plus noir, quand j'ai perdu du sang. Les taches du début, je pensais que ça s'arrêterait. Quand ils m'ont dit que j'allais faire une fausse couche, je me suis effondrée. J'ai pleuré, comme une crise de nerfs. »

Quelques femmes disent avoir eu très tôt le sentiment que la grossesse était menacée. Jacqueline avait un pressentiment. Elle a reçu un traitement avant la grossesse et elle explique :

> « Je n'avais pas annoncé cette grossesse. Je ne me sentais pas enceinte. Souvent, j'ai pensé à une fausse couche. C'était une grossesse pas naturelle. »

L'histoire de Dominique est étonnante car elle a fait un rêve prémonitoire :

> « J'ai fait un rêve, il y a une semaine, un cauchemar. Je faisais une fausse couche. J'étais seule et je perdais le fœtus morceau par morceau... je vous passe les détails. Mon mari dit que mon corps avait commencé son processus. »

Christine aussi s'attendait à une fausse couche, elle la souhaitait presque, vu le début difficile de sa grossesse :

> « Aux premiers saignements, j'ai pensé que c'était grave, et que c'était déjà trop tard. De toute façon, j'aurais eu très peur de le garder, après. J'avais eu trop de problèmes avec cette angine puis la mycose et tous les médicaments que j'avais avalés sans savoir que j'étais enceinte. Le médecin avait beau me rassurer, moi je n'étais pas tranquille. »

En évoquant ainsi leurs prémonitions, les femmes trouvent des éléments pour expliquer la fausse couche. Cette démarche est utile : il est rassurant de trouver intuitivement des repères et de donner un sens à une expérience qu'on a subie sans pouvoir la contrôler.

Les signes trompeurs d'une fausse couche précoce ou tardive

Certains symptômes peuvent évoquer un début de fausse couche mais sont dus à une autre cause. Au moindre signe anormal, à la moindre inquiétude, il est donc nécessaire de consulter un médecin, gynécologue de préférence, ou d'aller au service de gynécologie obstétrique de l'hôpital ou de la clinique la plus proche. Lors de la consultation, le médecin effectue un examen général qui comprend un toucher vaginal et un examen au spéculum. Une échographie et un dosage de l'hormone de grossesse (HCG) font toujours partie du bilan. Tous ces examens ont pour but de rechercher l'origine des symptômes.

Les saignements

Les **saignements** en début de grossesse ne sont pas obligatoirement annonciateurs d'une fausse couche, mais toute grossesse qui saigne doit alerter.

Certains saignements sont sans gravité. Ce sont par exemple les saignements de date anniversaire des règles qui, comme leur nom l'indique, se produisent au moment où les règles auraient dû avoir lieu.

Des saignements peuvent être dus à des lésions du col de l'utérus. Le col est souvent fragile et inflammatoire en début de grossesse et saigne facilement. Un examen au spéculum permet de faire un diagnostic. Si les saignements sont accompagnés de pertes vaginales malodorantes ou irritantes, des prélèvements vaginaux sont nécessaires et, si une infection est dépistée, il faut suivre un traitement à base d'ovules anti-infectieux et cicatrisants. Si un frottis de dépistage du col n'a pas été effectué depuis plus d'un an, on doit le faire pour éliminer la possibilité d'une lésion plus grave.

Des saignements peuvent également provenir de l'expulsion spontanée d'un jumeau. Grâce à la pratique de l'échographie, on sait que parmi les grossesses qui sont gémellaires à leur tout début, dans un cas sur deux, un des jumeaux est éliminé spontanément. C'est une des raisons pour lesquelles il est essentiel d'effectuer une échographie juste avant de pratiquer une aspiration. Dans la grande majorité des cas, la grossesse continue ensuite normalement, sans séquelles pour le jumeau restant.

D'autres saignements menacent davantage l'évolution de la grossesse. Lors de l'échographie, on peut constater l'image d'un décollement du trophoblaste (ce qui deviendra le placenta). On conseille alors une période de repos puis une nouvelle échographie. Si l'évolution est favorable, ce décollement diminue et disparaît. À l'inverse, son agrandissement signifie que la fausse couche est en cours.

Lorsque la date du début de grossesse est incertaine, l'**échographie** est parfois pratiquée trop tôt. Dans ce cas, l'examen peut faire croire que la grossesse est arrêtée car il montre une image d'œuf de taille trop petite ou comparable à celle d'un œuf clair. En cas de doute sur l'âge de la grossesse, il est conseillé de faire une nouvelle échographie une dizaine de jours plus tard, avant d'intervenir.

La grossesse extra-utérine

Les échographies et les dosages de l'hormone de grossesse (HCG) servent à éliminer d'autres diagnostics et en particulier celui d'une grossesse extra-utérine. En effet, certains œufs vont s'implanter ailleurs que dans la cavité utérine : sur l'ovaire, dans la cavité abdominale ou le plus souvent dans la trompe. C'est ce qu'on appelle une « grossesse extra-utérine » ou « grossesse ectopique ».

Les symptômes d'une grossesse extra-utérine peuvent faire penser à ceux d'une menace d'avortement spontané. Il s'agit de saignements et de violentes douleurs abdominales. Les règles sont arrêtées et le dosage de l'hormone de grossesse (HCG) est positif. Le diagnostic n'est donc pas toujours évident.

L'exemple de Laurence illustre bien cette difficulté du diagnostic. Elle a cru au début qu'elle faisait une fausse couche, les médecins aussi. Elle raconte :

> « J'étais à six semaines de grossesse, mais je n'avais pas encore vu de médecin. J'attendais d'être bien installée dans la grossesse pour chercher un bon gynécologue et faire la première visite. Tout à coup, dans le métro, j'ai eu des douleurs à gauche, incroyables. J'ai essayé de me mettre debout, je ne pouvais pas, j'ai continué jusqu'au bout de la ligne. Des personnes m'ont aidée à sortir. Avec beaucoup d'efforts, je me suis allongée sur les escaliers du métro. Finalement, on a appelé mon mari et nous sommes allés à la clinique, juste à côté de chez nous. »

Là, on pratique une échographie et le médecin voit un kyste sur l'ovaire droit et un gros fibrome utérin de cinq centimètres. La prise de sang confirme la grossesse. Laurence est renvoyée chez elle avec un traitement et des consignes de repos strict. Les douleurs à gauche persistent, mais le médecin dit : « C'est l'ovaire, vous êtes enceinte, ne vous inquiétez pas. » Deux semaines plus tard, elle perd brutalement une grande quantité de sang et les douleurs sont tellement fortes qu'elle ne peut plus ni marcher, ni respirer. Elle appelle une gynécologue installée en face de chez elle qui la fait hospitaliser d'urgence dans une deuxième clinique. Le chirurgien lui parle pour la première fois de grossesse extra-utérine et pratique une cœlioscopie, sous anesthésie générale. Cette intervention permet l'examen des organes génitaux internes par un tube contenant des fibres optiques introduit sous l'ombilic.

Elle raconte :

> « À mon réveil d'anesthésie, l'infirmière m'a dit : "Le chirurgien vous a sauvée de la mort." J'ai répondu que je le savais. Il m'a

enlevé une boule comme un gros œuf qui était dans la trompe. La trompe était complètement pourrie, il n'y avait plus rien à sauver et j'étais en train de faire une hémorragie interne. Je n'avais jamais eu de fibrome, c'était une boule de sang... Ma fausse couche, c'était une erreur de diagnostic ; le résultat, c'est que j'ai perdu ma trompe gauche. »

L'histoire de Laurence est sans doute exceptionnelle, mais elle montre quels peuvent être les symptômes, les difficultés de diagnostic, et les risques inhérents à une grossesse extra-utérine.

On suspecte toujours une grossesse extra-utérine si des **saignements** surviennent en dehors de la période des règles. On s'inquiète aussi s'ils sont anormaux aussi bien par leur abondance que par leur aspect (couleur, consistance). Des **douleurs abdominales** accompagnées ou non de saignements, une syncope ou un malaise avec des ballonnements abdominaux doivent aussi faire suspecter une grossesse extra-utérine. Les douleurs peuvent être particulièrement intenses et très caractéristiques pour les femmes qui les ont éprouvées.

L'examen clinique pratiqué par le médecin n'est pas toujours très fructueux. Il est rare, en effet, de percevoir au toucher vaginal une petite masse à côté de l'utérus ou de provoquer une douleur très typique. L'échographie en revanche peut être plus utile. On utilise, si possible, la technique de l'échographie transvaginale (au lieu de passer la sonde sur l'abdomen, on la pose dans le vagin). Cette technique permet de visualiser un œuf tout petit dans une trompe, mieux qu'une échographie classique, transabdominale. Elle permet aussi de constater que l'utérus est vide, alors que les dosages HCG sont élevés.

Au moindre doute, une **hospitalisation** est nécessaire. Une grossesse extra-utérine doit être prise en charge rapidement car la trompe peut se fissurer et, après un mois de grossesse (six à huit semaines d'aménorrhée), éclater en provoquant une hémorragie interne qui met en danger la vie de la femme. Indépendamment du risque vital, l'éclatement de la trompe représente un dommage irréversible et peut compromettre le succès des grossesses suivantes.

Des examens complémentaires sont effectués et, si le diagnostic est confirmé, on procède à l'évacuation de la grossesse. Habituellement, cette évacuation est chirurgicale et sous anesthésie générale. On pratique une petite incision abdominale pour passer un cœlioscope (un tube rigide) contenant des fibres optiques et des instruments permettant d'ouvrir la trompe et d'aspirer l'œuf. Si la trompe est trop abîmée, il faut l'enlever et donc recourir à une intervention classique.

Il existe également des **traitements** qui permettent d'éviter l'acte chirurgical. Lorsque le diagnostic est fait suffisamment tôt et que l'œuf est encore de petite taille, on injecte dans le sac ovulaire un produit cytotoxique (le Méthotréxate) qui détruit l'œuf et met fin à la grossesse. Cette technique n'est utilisable que si l'œuf est assez petit pour se résorber sur place et si le taux d'HCG est bas (inférieur à trois mille milliunités par millilitre). Ce traitement peut se faire sans hospitalisation ou avec une hospitalisation de un à deux jours. Une surveillance et des contrôles réguliers sont nécessaires ensuite, au rythme d'une fois par semaine jusqu'au retour à la normale du taux d'HCG.

On peut également administrer du Méthotréxate par voie générale sous la forme de piqûres intramusculaires. Ce traitement peut présenter des inconvénients et est réservé à des situations bien précises.

Enfin, plus rarement, si le taux d'HCG est très faible, c'est-à-dire inférieur à mille milli-unités par millilitre, on décide de ne rien faire et d'attendre. On contrôle chaque jour le taux d'HCG et, s'il est en constante diminution, l'œuf est en train de mourir et va s'éliminer tout seul.

L'éventualité des grossesses extra-utérines est d'autant moins à écarter qu'elles sont en augmentation. Dans les pays industrialisés, leur incidence a doublé ou triplé au cours des vingt dernières années. Chaque année en France, environ quatorze mille femmes font une grossesse extra-utérine.

Les **facteurs de risque** les plus importants sont les antécédents d'infections génitales hautes (ou salpingites) dues aux maladies sexuellement transmissibles. Plus de la moitié des grossesses extra-utérines peuvent être attribuées aux conséquences de ces maladies. Elles sont donc évitables : on sait que les femmes utilisatrices de préservatifs présentent un risque de grossesse extra-utérine plus faible que les non-utilisatrices.

Le rôle du tabagisme au moment de la conception est également important. Plus de 20 % des grossesses extra-utérines peuvent être attribuées au tabagisme. Le risque est multiplié par deux si la femme fume plus de dix cigarettes par jour et par trois pour plus de vingt cigarettes.

Des antécédents de grossesse extra-utérine, de chirurgie tubaire ou utérine augmentent aussi le risque de grossesse extra-utérine, de même que l'existence d'une endométriose.

Les femmes dont la grossesse a été obtenue après induction de l'ovulation par le citrate de clomiphène (ou clomid) ont également un risque de grossesse extra-utérine plus important.

L'âge maternel représente un autre facteur de risque, surtout à partir de trente-cinq ans.

Enfin, une étude récente a montré que les femmes exposées aux antinéoplasiques (traitements anticancéreux) dans le cadre de leur profession avaient un risque plus important de grossesse extra-utérine.

À première vue, le vécu d'une grossesse extra-utérine est comparable à celui d'une fausse couche. Dans la plupart des cas, comme une fausse couche, une grossesse extra-utérine est un événement traumatisant marqué par la douleur physique, la peur pour soi-même et la tristesse d'avoir perdu la grossesse. Le besoin d'informations, de communication avec l'équipe médicale, et la demande d'un soutien psychologique pendant et après l'intervention sont présents comme après une fausse couche.

Pourtant, les mécanismes physiologiques d'une grossesse extra-utérine diffèrent de ceux d'une fausse couche. La chirurgie souvent nécessaire, avec parfois l'ablation d'une trompe, s'oppose au caractère plus « naturel » de la fausse couche. L'existence d'un risque vital pour la femme et les conséquences possibles sur sa fertilité ultérieure en font un événement plus grave sur le plan médical. D'après les femmes qui ont vécu les deux expériences, l'intensité des douleurs et le climat d'urgence qui entoure la grossesse extra-utérine lui donnent aussi un caractère particulièrement dramatique.

La grossesse molaire

Échographies et dosages hormonaux permettent d'éliminer l'éventualité d'une grossesse molaire, ou môle, qui reste un phénomène très rare (environ une grossesse sur deux mille). Dans le cas d'une grossesse molaire, l'œuf ne contient pas d'embryon, le placenta seul est développé. Les symptômes du début sont les mêmes que pour une grossesse normale, mais généralement le taux d'HCG est très élevé et les nausées et les vomissements sont plus marqués. Tôt ou tard, des saignements apparaissent.

L'échographie montre une image typique dite « en grappe de raisin » ou « en flocons de neige ». Une hospitalisation pour curetage est toujours nécessaire. Après une grossesse molaire, une surveillance particulière est indispensable. Il peut arriver exceptionnellement qu'une forme très rare de cancer se développe. Mais les traitements actuels viennent parfaitement à bout de cette affection.

UNE MENACE DE FAUSSE COUCHE : QUE FAIRE ?

Quand on a la certitude qu'il s'agit bien d'une menace de fausse couche, faut-il essayer de la traiter et d'arrêter le processus ou bien est-il préférable de « laisser faire la nature » ? Et si un traitement est entrepris, sait-on toujours s'il est sans danger et s'il a des chances d'être efficace ?

Faut-il suivre un traitement ?

Lorsque l'avortement est précoce et que les symptômes et les examens ne laissent aucun doute, il n'y a pas grand-chose à faire. On attend l'expulsion de l'œuf, qui a tous les risques de présenter une anomalie chromosomique. Il est important de rester en contact avec un médecin, d'aller le consulter ou de lui téléphoner autant que nécessaire. Si cela est utile, il prescrit des calmants de la douleur, un traitement contre l'anxiété, un arrêt de travail. Son soutien est précieux : il peut rassurer, répondre aux questions, expliquer le déroulement possible de la fausse couche et informer sur les risques d'hémorragie.

Lorsque les symptômes, en particulier les saignements, sont peu importants, l'attitude à avoir est moins évidente. Dans certains cas, on préfère ne rien faire de crainte que l'expulsion, en général facile, d'un œuf mal formé ne soit compliquée, retardée, voire empêchée par un traitement hormonal.

Dans d'autres circonstances, un traitement et du repos sont prescrits. Mais alors on s'assure qu'il n'existe aucun doute sur la vitalité de l'œuf, que l'échographie est normale et que la croissance de l'HCG est régulière.

Certains prescrivent de la progestérone naturelle qui a pour effet de ramollir le muscle utérin. Elle peut pallier une insuffisance ovarienne et peut-être améliorer la tolérance immunitaire. On donne aussi éventuellement de l'hormone gonadotrophine chorionique (HCG) qui stimule la fabrication de progestérone par le corps jaune. Les **hormones** naturelles semblent être sans danger et un très grand nombre de médecins les prescrivent.

Un autre type de traitement consiste à prescrire des médicaments **antispasmodiques** qui, comme leur nom l'indique, calment les spasmes, c'est-à-dire les contractions du muscle utérin. Ce traitement est sans danger.

Le **repos** est aussi un traitement habituel, et sans danger, de la menace de fausse couche. Bien souvent les femmes s'allongent d'elles-mêmes aux premiers signes et ce comportement est encouragé par les médecins. Giselle traduit ainsi le sentiment de la majorité :

> « Pour la prochaine grossesse, je me reposerai au maximum. S'il le faut, je resterai au lit pendant les neuf mois ! »

Les hormones sont utilisées depuis longtemps pour traiter une menace de fausse couche. Pourtant leur efficacité n'a pas été scientifiquement démontrée.

On ignore également si le repos est réellement efficace pour éviter une fausse couche. Il est cependant très largement prescrit. Son action est complexe et ne se limite pas au domaine du physiologique. Il agit aussi sur le stress et tout simplement sur l'état général.

Un traitement est parfois efficace parce que l'on y croit ou que l'on a confiance en celui qui l'a prescrit. Thérèse avait fait quatre fausses couches. Elle a mené à terme sa cinquième grossesse. Après son accouchement, elle explique :

> « Le médecin pense que c'est peut-être le traitement qui a maintenu la grossesse, mais il n'en est pas sûr. Mon généraliste dit la même chose. De toute façon, moi je pense que, même si le traitement n'a pas marché, ça a marché dans ma tête. J'y croyais beaucoup quand j'ai fait ce traitement. Je suis venue ici pour ça. C'était vraiment ma dernière chance. »

Le traitement d'une menace de fausse couche tardive

On utilise généralement une **médication antispasmodique**, souvent par perfusion, à l'hôpital. Ce type de traitement n'est entrepris que si les chances d'une évolution favorable de la grossesse sont raisonnables.

Les menaces d'avortement tardif dues à une béance du col peuvent bénéficier d'un **cerclage du col** après vérification de la vitalité de l'embryon. L'intervention consiste à faufiler le col pour renforcer le muscle qui resserre son orifice. Le cerclage est pratiquement toujours réalisé sous anesthésie générale. Parfois il est fait sous péridurale ou sous anesthésie locale effectuée au niveau du col. L'hospitalisation est rarement supérieure à une journée. Dans les heures qui suivent un cerclage, on laisse en place une perfusion d'antispasmodiques. En général, la grossesse se déroule ensuite normalement.

Le cerclage est parfois un bon traitement de la menace de fausse couche tardive, mais il n'est efficace que dans des cas très précis.

Si, après un cerclage ou une menace de fausse couche tardive, la femme a des contractions utérines et si son activité professionnelle ou domestique est fatigante, le traitement est poursuivi après le retour à la maison et on lui prescrit du **repos**. Dans certains cas, une surveillance particulière est nécessaire, en hospitalisation à domicile (HAD) par exemple, qui prévoit le passage d'une sage-femme, d'une infirmière et éventuellement l'assistance d'une aide ménagère.

Pour le médecin la décision de traiter ou non est affaire de pratique et d'expérience. Le choix de la femme doit aussi peser dans la balance. Certaines sont réticentes à l'idée d'un traitement car elles redoutent d'empêcher l'expulsion d'un œuf mal formé. D'autres à l'inverse préfèrent adopter une attitude active face à leurs symptômes et avoir le sentiment qu'elles font le maximum pour sauver leur grossesse. Avant d'entreprendre un traitement, il est toujours utile d'en discuter les avantages et les inconvénients avec son médecin.

La mort fœtale in utero

Les signes d'alarme

Ils varient selon les circonstances cliniques. En cas de grossesse « à risque », c'est-à-dire particulièrement surveillée, ce sont la lecture et l'analyse du rythme cardiaque fœtal qui montrent des signes de souffrance aiguë sévère du fœtus. Lors d'une grossesse normale, « le » signe d'alarme est la diminution ou l'arrêt des mouvements actifs perçus par la mère. La mort du fœtus est parfois constatée devant l'absence d'activité cardiaque lors d'un examen systématique ou d'un examen en urgence pour une hémorragie ou un choc abdominal ou une forte douleur.

« Tout allait bien, se souvient Nathalie. Au début de ma grossesse j'ai parfois pensé à la fausse couche, j'ai attendu trois mois pour l'annoncer à ma famille mais là, j'étais à six mois. Je ne pensais pas que ça pouvait arriver. Un jour je l'ai senti moins bouger et, comme il ne répondait plus à mes sollicitations de la main, je me suis inquiétée et j'ai préféré aller aux urgences. J'ai senti la sage-femme inquiète. À l'échographie, en voyant leurs visages fermés j'ai tout de suite compris qu'il y avait quelque chose de grave. »

Coralie a eu un hématome rétro-placentaire provoquant une mort fœtale à trente-six semaines.

« Au réveil, j'allais bien, raconte-t-elle ; dans la matinée, j'ai ressenti une douleur très forte dans le bas-ventre, j'ai pensé que c'était une contraction, que l'accouchement commençait puisque la sage-femme m'avait dit que le col était déjà un peu ouvert. Je pensais que j'accouchais peut-être avant. Il ne me restait plus que trois semaines avant le terme. Cette douleur continuait, je me suis dit qu'une contraction, ça ne durait pas comme ça et puis je me suis aperçue que je ne sentais plus mon bébé bouger. Je suis venue aux urgences, on m'a fait une échographie et on m'a dit que le cœur ne battait plus, que le bébé était mort. J'ai bien vu, elle cherchait, elle cherchait sur l'écran, elle est devenue toute blanche et elle m'a dit qu'elle allait chercher d'autres médecins qui m'ont confirmé la mort.

Là, je me suis écroulée, heureusement que ma sœur était avec moi. Après, tout est allé très vite. »

Que faire en présence de signes d'alarme ?

Il faut aller en urgence à l'hôpital ou à la clinique où est prévu l'accouchement.

Les interventions ont pour but de mettre en place une surveillance médicale intensive et au premier signe d'alarme d'extraire le fœtus avant sa mort

Cette surveillance permet de :

– repérer les signes de souffrance fœtale en pratiquant régulièrement l'enregistrement du rythme cardiaque fœtal ;

– repérer par l'échographie :

• une anomalie de la quantité de liquide amniotique,

• une anomalie de croissance ou d'activité d'un des fœtus, en cas de grossesse multiple,

• une anomalie des indices doppler des vaisseaux utéro-placentaires (c'est-à-dire la mesure des débits sanguins) ;

– rechercher des symptômes qui peuvent indiquer l'aggravation d'une pré-éclampsie : des maux de tête, une sensation de mouches volantes devant les yeux, des bourdonnements d'oreille ;

– pratiquer des examens cliniques : recherche d'œdèmes, prise de la tension artérielle, prise de poids.

– pratiquer des examens biologiques de surveillance en cas de pathologie métabolique maternelle grave.

Les signes trompeurs

La femme enceinte ne perçoit qu'un faible pourcentage des mouvements du fœtus et en fin de grossesse : il bouge moins car il a moins de place. On peut donc s'inquiéter à tort de ne plus sentir son bébé bouger. Une hémorragie ou des pertes de sang au troisième trimestre de la grossesse ne sont pas toujours alarmantes. Elles peuvent être d'origine cervicale. Le col de l'utérus est souvent très fragile pendant la grossesse, il peut saigner après un examen gynécologique, après un rapport sexuel ou lorsqu'il est porteur d'un polype endo-cervical ou lorsqu'il est infecté. Une forte douleur peut être d'origine urinaire, comme lors d'une crise de colique rénale ou digestive, comme par exemple une crise de colite spasmodique ou plus rarement une crise de colique hépatique. Une complication bénigne d'un fibrome utérin, ou nécrobiose, peut être également très douloureuse.

De toute façon, au moindre signe, à la moindre inquiétude, il faut aller consulter à l'hôpital ou à la clinique. Seuls la surveillance et les examens médicaux permettent de dire qu'il s'agit d'une fausse alerte.

CHAPITRE 4

LE DÉROULEMENT

« Pour moi, finalement, la fausse couche s'est très bien passée. Quand, à l'échographie, le médecin a dit : "Vous vous êtes trompée dans vos dates", j'ai pensé que quelque chose n'allait pas. Ensuite il m'a bien expliqué à quoi il fallait s'attendre si je faisais une fausse couche. Je pensais avoir très mal mais ça n'a pas été le cas. J'ai perdu du sang comme pour un cycle ordinaire. J'étais chez moi. J'ai appelé le médecin pour lui raconter, il m'a dit de rester tranquille, de revenir le mercredi si tout allait bien. C'est ce que j'ai fait. Il paraît que tout s'est très bien passé et je n'ai pas eu besoin d'un curetage. Je me console en pensant que j'ai déjà un fils et qu'il n'y a pas de raison pour que je refasse la même chose. »

Julie.

Les fausses couches

Le plus souvent, une fausse couche précoce, comme celle de Julie, se déroule simplement, sans problème particulier et sans médicalisation ; elle ne nécessite ni hospitalisation, ni intervention chirurgicale. Le col s'ouvre et l'œuf est expulsé sous la forme de débris ovulaires. L'expulsion est souvent accompagnée de contractions utérines plus ou moins douloureuses et de saignements avec des caillots plus ou moins abondants.

Comme ces entretiens ont été recueillis en milieu hospitalier, dans un service de gynécologie et d'obstétrique qui accueille des urgences et des « cas » difficiles, la plupart des femmes apportent des témoignages souvent dramatiques, et qui ne correspondent pas nécessairement à l'expérience de celles qui n'ont pas eu besoin d'être hospitalisées.

Les **pertes de sang** sont au premier plan ; souvent abondantes, elles peuvent prendre des allures hémorragiques.

> « J'étais à onze semaines, j'ai perdu beaucoup de sang, j'étais très fatiguée, raconte Christine. Toute la nuit, je me suis levée pour aller aux toilettes. Puis je me suis évanouie. Mon mari s'est levé, je me suis évanouie à nouveau. J'avais froid, on a compris qu'il fallait aller à l'hôpital. Dans la voiture je me suis sentie partir plusieurs fois, je me sentais faible. »

Jacqueline dit :

> « J'ai eu des contractions et des saignements monstrueux. J'étais à sept semaines. L'ambulance n'arrivait pas et je pensais que j'allais me vider de mon sang. J'étais très angoissée. »

Nelly était à douze semaines de grossesse. Après des douleurs dans le bas-ventre ressenties au bureau et qui ne l'inquiètent pas, elle passe une très mauvaise nuit, avec des douleurs de plus en plus fortes et rapprochées. Elle raconte :

> « À six heures du matin, aux toilettes, je l'ai perdu. Cela ne m'a pas choquée sur le moment ; j'étais soulagée de n'avoir plus mal au ventre. Je n'ai pas réalisé tout de suite que je venais

de perdre le bébé. Je l'ai ramassé dans les toilettes. J'ai appelé mon mari, il était plus paniqué que moi. Comme je saignais beaucoup on est allés à l'hôpital. »

Les symptômes de Véronique l'ont également poussée à venir à l'hôpital :

« J'étais à dix semaines de grossesse. J'avais des douleurs depuis deux jours, ensuite j'ai perdu beaucoup de sang. J'ai paniqué. J'ai eu peur d'une hémorragie. Je sentais des trucs bizarres, je ne savais pas ce que c'était, peut-être des parties de moi-même. Ils sont venus me chercher en brancard. Quand je suis montée sur la table d'examen, tout est tombé par terre, le placenta, peut-être le fœtus ?... »

L'hémorragie peut être impressionnante et, longtemps après la fausse couche, la vue du sang la rappelle. Jacqueline, dont la petite fille s'est ouvert le front peu de temps après la fausse couche, a été surprise par sa propre réaction :

« Je n'ai pas supporté la vue du sang, je me suis affolée, j'étais incapable de réagir. Pour moi tout ce sang me rappelait la fausse couche, cela voulait dire aussi la mort. J'ai immédiatement pensé que j'allais perdre ma fille, qu'elle allait mourir. C'est bizarre... En fait ce n'était rien du tout mais j'ai très mal réagi. »

Pendant une fausse couche, la **douleur** est parfois intense. Spontanément, les femmes la comparent à celle de l'accouchement, mais la jugent beaucoup plus intolérable. Comme Tatiana, qui était à onze semaines de grossesse :

« Quand on accouche, on souffre, mais le bébé est au bout et on est entourée. Il y a le médecin et toute l'équipe. Là j'étais toute seule chez moi. Les médecins disaient : ce n'est pas grave, débrouillez-vous. Personne ne m'a dit que j'aurais mal comme ça. »

Contrairement à ce qui se passe pour un accouchement, les femmes ne sont pas nécessairement préparées à cette douleur, elles la vivent le plus souvent dans le désarroi et la solitude. Enfin, et surtout, elle leur semble inutile, c'est une douleur « pour rien ».

Dans la plupart des témoignages, la souffrance physique est indissociable de la douleur morale et l'une amplifie l'autre. À ces douleurs s'ajoute souvent la peur. Les termes utilisés pour raconter la fausse couche parlent d'eux-mêmes : « paniquant », « angoissant », « bizarre », « épouvantable ». L'impression de « se vider », de « perdre des morceaux de soi-même », de « partir », de « mourir » est souvent évoquée.

Même si la majorité des fausses couches précoces se déroule naturellement et sans intervention médicale, il est indispensable de contacter un médecin gynécologue dès les premiers symptômes. Une visite de contrôle est ensuite absolument nécessaire pour vérifier que tout est rentré dans l'ordre.

Martine attendait son troisième enfant, elle a déjà deux garçons de six et trois ans. Elle était à vingt et une semaines.

« Dans la nuit, raconte-t-elle, j'ai ressenti de fortes contractions, je suis allée aux urgences dès le matin. À l'échographie, j'ai vu le bébé, il bougeait, c'est une image terrible qui me poursuit. Mon col était déjà ouvert on m'a mise sous perfusion, mais les contractions ont repris de plus belle. La nuit suivante, la poche des eaux s'est rompue, mon col continuait de s'ouvrir. On m'a descendue en salle, il n'y avait plus rien à faire. J'avais très mal, on m'a proposé une péridurale. La sage-femme était adorable, elle est restée avec moi longtemps. Trois heures plus tard, le bébé était là. »

La douleur, variable lors d'un avortement précoce, est toujours au premier plan lors d'une fausse couche tardive. Physiologiquement, un avortement tardif se déroule comme un accouchement, avec des contractions utérines régulières et douloureuses aboutissant à l'expulsion du fœtus. En général, les saignements sont peu abondants.

L'attente, un moment difficile

Lorsque la grossesse est arrêtée précocement ou qu'il y a un œuf clair, certains médecins proposent d'intervenir sans délai, non seulement pour minimiser les risques, si la femme habite loin par exemple, ou qu'elle est isolée, mais aussi pour éviter une attente moralement pénible.

Laure explique :

« Là, tout a été très rapide. Je ne m'étais pas investie dans la grossesse, j'étais à cinq semaines. À l'échographie, on a dit "œuf clair" et, dans la foulée, on a fait une aspiration. »

D'autres médecins choisissent au contraire de « laisser faire la nature ». Sur le plan médical, il est certainement raisonnable de se donner du temps et la possibilité d'éviter une hospitalisation et une intervention sous anesthésie générale.

Toutefois une longue attente est difficile à vivre. Parmi les femmes rencontrées, plus d'une sur trois avait attendu plus de huit jours entre les premiers symptômes (ou le diagnostic) et la fausse couche. Cette attente est angoissante et déprimante. Elle peut provoquer des troubles comme des difficultés à s'alimenter, des insomnies, des cauchemars.

Patricia explique :

« C'était très dur d'attendre une expulsion naturelle. J'ai attendu douze jours, j'allais très mal. Je suis allée chez le médecin, qui m'a prescrit des calmants et des somnifères. »

Frédérique a attendu dix jours :

« À l'échographie, on m'a dit que la grossesse n'était pas normale et que l'embryon était un amas de cellules. J'étais effondrée, on était effondrés. J'étais à deux mois et demi. On commençait à se faire une idée de la grossesse. Je suis allée aux urgences, on m'a donné un médicament pour faire venir les contractions ; on m'a dit : "On attend quelques jours pour voir si ça se déclenche ou pas." À partir du moment où on m'a dit que l'embryon n'était pas normal et où je l'ai accepté, je n'avais qu'une hâte, c'est que ce soit terminé, qu'on n'en parle plus. Plus vite c'est terminé, plus vite on peut recommencer. J'avais peur de sortir : pourvu que la fausse couche n'arrive pas à l'extérieur, quand je me balade en ville ! J'étais bloquée. Et ne pas savoir exactement comment ça se passe, si c'est impressionnant ou pas ! Je ne voulais plus porter cette chose en moi, étrangère à moi, qu'elle disparaisse et qu'on n'en parle plus. C'est inquiétant, c'est une anomalie. »

Tatiana a une expérience comparable :

« Je voulais me débarrasser de cet œuf le plus vite possible. Je ne voulais pas garder ça. J'étais en colère après ce ventre qui m'énervait. Je n'en voulais plus, quand j'ai su que l'œuf n'était plus vivant. »

Le malaise de l'attente vient aussi de la présence de ce qu'on ne peut même plus nommer : les femmes disent « ça », « cette chose », ce « corps étranger », cette « anomalie ». Le lien d'attachement qui s'était noué avec le futur enfant au début de la grossesse se transforme en rejet. Et domine alors la peur suscitée par l'anormalité, la mort.

L'embryon mort peut être perçu comme une menace, que certaines expriment parfois en évoquant la « peur d'une infection » ou la « peur de la contagion ». Une femme dit même : « Puisqu'il était mort, je pouvais mourir aussi. »

Ce qui rend l'attente pénible, c'est également la douleur, qui peut être intense et persistante. Tatiana était à sept semaines de grossesse et elle regrette de n'avoir pas été soulagée plus rapidement :

> « J'ai téléphoné à l'hôpital et on m'a conseillé de laisser faire les choses, sauf si je souffrais trop. J'ai eu très mal pendant trois jours, avec des crises terribles. À plusieurs reprises, je suis allée à l'hôpital, on m'a renvoyée chez moi en disant que la fausse couche était en bonne voie. On m'a prescrit des suppositoires. Finalement on m'a hospitalisée le quatrième jour, pour un curetage. Ce que je reproche, c'est qu'on m'ait laissée souffrir aussi longtemps pour rien, pour aboutir au même résultat, parce que l'anesthésie je l'ai eue, l'opération je l'ai eue. »

L'attente retarde aussi le moment où une autre grossesse pourra être commencée. Raphaëlle a fait une fausse couche à huit semaines, elle a trente-neuf ans et elle est tellement impatiente qu'elle évoque déjà la naissance suivante :

> « Trois semaines d'attente c'est long. J'ai beaucoup pensé. Je n'étais pas à mon aise. Tout s'était arrêté, il était mort... et cela retarde la naissance suivante. »

L'impatience et la peur n'empêchent pas Patricia d'éprouver des regrets au moment où elle est enfin hospitalisée :

> « Quand je suis revenue pour une aspiration, le soir, à l'hôpital, j'ai dit au bébé : c'est la dernière nuit qu'on passe ensemble. »

Malgré leurs difficultés, les femmes hésitent à demander au médecin d'abréger l'attente. Elles préfèrent sans doute éviter l'intervention et l'anesthésie générale et se conformer au conseil médical de « laisser faire la nature ». Pourtant, lorsque l'attente est trop pénible, il est tout à fait possible de retourner voir son médecin et de lui demander d'intervenir.

En quoi consiste l'intervention ?

En cas de fausse couche précoce, on intervient médicalement s'il y a une hémorragie importante, ou des saignements prolongés, ou si l'échographie de contrôle montre que l'évacuation est incomplète. L'intervention médicale est également nécessaire lorsque la mort de l'embryon a été constatée à l'échographie mais que l'avortement ne se déclenche pas. Il faut alors vider l'utérus pour éviter une infection.

La plupart du temps, une simple **aspiration** est suffisante. Elle est toujours pratiquée sous anesthésie générale. Après une légère dilatation du col, on introduit une petite canule reliée à une pompe à vide et l'utérus est vidé tout doucement.

On peut aussi provoquer une évacuation de l'œuf en administrant le **RU 486** qui est un antagoniste de la progestérone et est également utilisé pour les IVG et les interruptions médicales de grossesse.

La grande majorité des femmes auraient préféré se passer d'une intervention médicale. « Psychologiquement, c'est plus facile sans aspiration et spontanément, que lorsqu'on vient vous le retirer », disent-elles, ou bien : « Je n'ai pas souffert mais on me l'a enlevé de force. » Le geste médical est alors ressenti comme un « forçage » par rapport à une évacuation spontanée.

Après deux mois et demi (quatorze semaines), l'aspiration n'est plus possible à cause du volume important de l'embryon ou des débris à évacuer.

On peut proposer une technique chirurgicale, la dilatation extraction par **curetage** évacuateur, sous anesthésie générale. On utilise une curette mousse, sorte de petite cuillère pour racler la muqueuse utérine sur toute sa surface et vider entièrement l'utérus. La dilatation du col est faite avant l'intervention, à l'aide de laminaires. Ce sont de petits morceaux d'algues séchées ou de fibres synthétiques qui se dilatent à l'humidité. On introduit plusieurs laminaires dans le col puis on les laisse gonfler pendant quatre à cinq heures. Elles permettent une dilatation particulièrement douce et non traumatisante pour le col, mais parfois douloureuse d'après les témoignages.

Lorsque le terme de la fausse couche est plus tardif, on peut utiliser les mêmes méthodes que pour déclencher un accouchement. Des **prostaglandines** sont données sous forme orale ou sous forme d'ovules que l'on introduit dans le vagin. Elles ont pour but de préparer la dilatation du col. On peut aussi préparer le col et provoquer le décollement de l'œuf par un antiprogestérone : la mifépristone (le RU 486). On en prescrit pendant deux jours, puis on pose une perfusion d'ocytociques pour provoquer les contractions. Une péridurale est toujours proposée.

Le séjour à la maternité après une fausse couche

L'hospitalisation peut être pénible à plus d'un titre. Selon les hôpitaux, les femmes sont dans le service de gynécologie ou dans le service des grossesses pathologiques. Ces services côtoient souvent la maternité. Les installations, comme la salle d'opération ou la salle d'accouchement, sont les mêmes pour tout le monde, que l'issue de la grossesse soit heureuse ou malheureuse. Après ou pendant une fausse couche, il est souvent déprimant d'entendre pleurer un nouveau-né dans la pièce d'à côté.

L'exemple de Béatrice est intéressant car elle a fait deux fausses couches dans des conditions très différentes : la première a eu lieu à domicile, la deuxième a nécessité un curetage sous anesthésie générale. Elle raconte :

> « J'ai fait deux fausses couches à trois ans d'intervalle, avec un bébé entre les deux. La première fois, ça m'a pris d'un seul coup, si j'ose dire, à neuf semaines de grossesse ; un soir, j'ai eu des douleurs qui ont continué toute la nuit, et j'ai fait ma fausse couche. Très vite et sans problème. Cette fois-ci, ça a été plus traumatisant. J'étais à quinze semaines, la grossesse était arrêtée. D'abord il y a eu l'attente de l'intervention médicale. Moi, je voulais tenter la chance de ne pas être déclenchée. Je préférais sans intervention. Et puis se retrouver dans une maternité, où il y avait de jeunes accouchées, c'est terrible. J'en garde un mauvais souvenir. »

L'organisation d'un service hospitalier ne prend pas toujours en compte ces situations humainement délicates. C'est d'autant plus vrai qu'une fausse couche, comme n'importe quelle urgence, ne peut être programmée à l'avance. Le seuil de tolérance est très variable d'une femme à l'autre. Quelques femmes sont satisfaites pendant leur hospitalisation. Elles apprécient d'être entièrement prises en charge et se sentent en sécurité. Pour certaines, à l'inverse, le séjour à l'hôpital est un vrai cauchemar, pour d'autres enfin, c'est juste un mauvais moment à passer. Bénédicte, qui n'a pas perdu son sens de l'humour, raconte en riant que, pour sa première fausse couche, elle a eu droit au photographe !

Des relations satisfaisantes avec l'équipe médicale impliquent nécessairement un échange d'**informations**. Or, les femmes estiment souvent en avoir manqué.

Diane explique :

« On vous prend pour quelqu'un qui ne comprend rien. Je n'ai pas eu d'explications. Il a juste dit : “Ce n'est pas bon.” »

« Les médecins sont flous, ne donnent pas d'explications, ils ne parlent pas. J'aimerais trouver un médecin pour pouvoir lui poser toutes mes questions. Ils sont impersonnels, ils passent trop vite », dit Françoise.

On reste peu de temps à l'hôpital, les contacts sont donc limités et souvent très rapides. Dans cette période de fragilité émotionnelle, les femmes sont particulièrement sensibles à l'attitude des soignants.

Il suffit parfois de peu de chose, comme de la **bienveillance** et de la compassion manifestées par certains soignants.

Jacqueline se rappelle :

« L'interne aux urgences a dit qu'il fallait faire un curetage quand même, pour enlever tout proprement, qu'ils allaient m'endormir et que tout irait bien. Je me sentais soulagée, prise en main, j'avais tellement eu peur ! »

Et Christine :

« On m'a gardée pour une aspiration, en m'expliquant que mon utérus saignait parce que le contenu ne se détachait pas. J'étais rassurée, l'interne était très humain. »

Joëlle raconte :

« Ils se sont occupés de moi avec beaucoup de bonté ! Quand j'ai appelé l'infirmière en pleine nuit, elle est venue tout de suite. Tout le monde a été très gentil. »

Fanny explique :

« Je voulais que mon mari reste avec moi, mais c'est interdit en dehors des heures de visite. L'infirmière a insisté auprès de la surveillante. Elle était très, très compréhensive. Je la remercie de tout mon cœur. Le médecin m'a dit qu'une fausse couche ça arrive, que c'est banal et très fréquent, qu'il ne faut pas désespérer, que j'aurai d'autres bébés. Il m'a dit de ne pas m'inquiéter... et plein de mots gentils. »

Les éloges sont loin d'être unanimes. La cause d'insatisfaction la plus fréquente vient d'une impression d'**indifférence** face à la douleur morale. Évelyne dit :

« Ils ne s'occupent pas du psychologique. La douleur morale, ce n'est pas leur domaine. Les femmes qui viennent faire une fausse couche ont besoin d'un peu plus d'humanité. On ne s'occupe que du médical. Il n'y a pas de complicité ni de soutien. Le côté administratif aux admissions, c'est déshumanisant. Il faudrait qu'un contact se crée entre le malheur de la femme et l'équipe soignante. Si j'étais venue pour un kyste ou une IVG cela aurait été pareil, j'aurais eu la même relation. »

Les femmes sont toujours indignées lorsqu'elles ont le sentiment que tout n'a pas été fait pour soulager la douleur physique.

« Je demandais qu'on m'enlève la douleur. Ils s'en servent pour le diagnostic, mais ils ne prennent pas leurs responsabilités.

Je demandais à être soulagée. Ils faisaient comme s'ils ne comprenaient pas ma demande », dit Annie.

L'hospitalisation et l'intervention médicale renforcent une **confusion plus ou moins latente avec l'interruption volontaire de grossesse**. C'est tout à fait compréhensible car techniquement il s'agit des mêmes gestes. Les gaffes de la part du personnel hospitalier qui assimile une fausse couche à une IVG sont difficiles à accepter. Laure, dont c'est la troisième fausse couche, raconte :

« À l'accueil, elle a inscrit IVG à la place de fausse couche. C'est inadmissible, je ne veux pas qu'on confonde. »

Enfin, l'**accueil aux urgences** est loin d'être toujours sympathique :

« Je suis allée une première fois aux urgences, dit Tatiana ; il y avait tellement d'attente que je suis rentrée chez moi. Je suis revenue une deuxième fois, on n'a pas voulu me garder parce que je ne saignais pas assez. La troisième fois, ils ont voulu à nouveau me renvoyer chez moi ; mon mari a tellement protesté qu'ils ont décidé de me garder. »

La durée de l'attente est souvent évoquée :

« Les formalités aux urgences sont trop longues. On m'a laissée là comme un paquet. J'étais tellement paniquée, je perdais tellement de sang... Il y avait une femme enceinte qui attendait avec moi. Je ne pouvais pas me contrôler. Je m'en veux, j'ai toujours à l'esprit cette femme enceinte à qui j'ai fait peur. » (Nelly)

Une aspiration ou un curetage sont des actes médicaux qui ne posent généralement pas de problème particulier. Il faut savoir que, lorsque l'on vient de faire une fausse couche à l'hôpital, on n'est pas un « cas ». C'est pour cette raison qu'il y a souvent une grande distance entre l'attitude des médecins, leur tranquillité prise parfois pour de l'indifférence, et ce que l'on peut éprouver. Dans un moment pareil, il est toujours très positif de pouvoir compter sur une personne de l'entourage familial ou amical ou d'appeler à l'aide le médecin que l'on connaît bien et qui prendra le relais.

La mort fœtale in utero

Lorsqu'une mort fœtale in utero est découverte, on déclenche rapidement l'accouchement pour éviter les complications infectieuses et hémorragiques, et pour faciliter l'examen du fœtus. Il s'agit d'un véritable accouchement.

Pour déclencher l'accouchement, on procède comme pour une fausse couche tardive, avec un traitement avec les prostaglandines ou le RU 486 et une perfusion d'ocytociques. Une aide anesthésique ou une péridurale sont pratiquées. Dans de rares cas, une césarienne est nécessaire, par exemple s'il y a des complications hémorragiques ou des contre-indications aux méthodes médicales.

Évelyne était à vingt-trois semaines de grossesse. Elle a quarante et un ans et trois enfants :

> « Le gynécologue n'a pas pu entendre les bruits du cœur. On a refait une échographie : il n'y avait plus rien. Le gynécologue était désolé, il m'a conseillé d'aller à l'hôpital. Il m'a dit : "Ce n'est rien du tout, ça dure deux heures, c'est un mini-accouchement." Je suis venue ici lundi. On m'a mis un ovule mardi vers minuit. J'ai eu affreusement mal, c'est dur de penser qu'on a mal pour rien. C'est plus douloureux qu'un accouchement. Je me suis demandé si j'allais mourir de douleur. Vers midi on

m'a descendue. J'avais hâte d'être endormie. Je me suis réveillée en me demandant si j'étais morte. »

Ce que raconte Évelyne est exemplaire d'une attitude de banalisation de certains soignants, mais aussi de proches, et qui cause bien des souffrances aux femmes. Ce qu'elle a vécu n'est pas « rien du tout » ni un « mini-accouchement » mais un véritable accouchement et la perte de son enfant.

Un temps pour réaliser

L'annonce de la mort de son bébé in utero entraîne le plus souvent chez la femme un choc tel qu'il peut l'empêcher de croire à l'événement : « Je regardais mon ventre, je ne pouvais y croire », disent-elles, souvent. Souvenons-nous de Caroline qui refusait d'abord la réalité et voulait garder en elle son bébé jusqu'au terme.

« C'était très bizarre, raconte Valérie, je n'arrivais pas à comprendre qu'il était mort. J'avais parfois l'impression de le sentir bouger ».

Les femmes ressentent très douloureusement ce moment entre l'annonce de la mort et le déclenchement de l'accouchement, certaines parlent de leur ventre comme de « tombes ». Puis, souvent l'incrédulité laisse place au souhait que tout se termine le plus rapidement possible, au désir impossible d'annuler cette grossesse.

Le bébé de Nathalie est mort à trente semaines, c'était son second enfant.

« Je ne supportais plus mon ventre, le regard des autres sur mon ventre, raconte-t-elle, j'avais envie qu'on me l'enlève vite. Je n'arrivais pas à le dire à mon fils qui se réjouissait tant de

> l'arrivée de cette petite sœur. C'est terrible de penser qu'on porte la mort et plus la vie. »

« Le silence du ventre d'une femme enceinte est ce que nous redoutons le plus », explique une sage-femme. La formation médicale prépare plus à agir et à trouver des solutions qu'à accepter son impuissance. Bien souvent, les soignants sont emportés dans le même mouvement de refus, de fuite que les parents. Dans un élan protecteur, ils pensent enlever la douleur en enlevant l'enfant.

Véronique dont le bébé est mort in utero à vingt-six semaines explique :

> « J'ai appris la nouvelle un vendredi. Entre ce moment et l'accouchement, il s'est passé trois jours. C'était l'horreur, je pleurais tout le temps, je me demandais pourquoi il était mort et surtout à quel moment. Maintenant, quand j'y pense, je me dis qu'il ne faut pas trop attendre, mais qu'il faut quand même un peu de temps pour réaliser ce qu'on vit. »

L'expérience montre en effet qu'il y a des étapes psychiques à respecter. En peu de temps, le couple doit recevoir la nouvelle, l'admettre et accepter de faire face à la réalité.

> « Je me suis retrouvée toute seule à pleurer dans ma chambre, poursuit Nathalie ; une infirmière est juste venue me donner des comprimés pour déclencher les contractions. J'avais l'impression de les déranger. Seule la sage-femme en salle de naissances était très rassurante en m'expliquant tout le déroulement. »

Ce temps entre l'annonce et l'accouchement est nécessaire. Il doit permettre aux parents de réaliser la mort de cet enfant dont il va falloir se séparer. Certaines femmes disent se sentir très seules à ce moment alors qu'il est essentiel d'être entouré de soignants disponibles et rassurants.

Le temps de l'accouchement

> « Après l'annonce, j'ai passé deux nuits à faire le même cauchemar : j'allais aux toilettes et je perdais le bébé. Il tombait par terre et je me réveillais en hurlant, c'était très dur l'idée de m'en séparer. Après, le médecin m'a expliqué comment on allait déclencher les contractions. J'étais très surprise qu'il parle d'accouchement, j'imaginais qu'on allait me l'enlever peut-être en m'opérant, en tout cas que ça serait rapide », raconte Caroline dont le bébé est mort in utero à vingt-huit semaines.
> « Je ne souhaitais qu'une chose, c'est qu'on me l'enlève vite. J'aurais voulu qu'on m'endorme, me réveiller comme si de rien n'était, en ayant tout oublié », dit Sophie qui était à trente semaines de grossesse.
> « J'ai été choquée par le terme d'accouchement ; pour moi un accouchement c'est donner la vie. Je pensais qu'on allait m'endormir, m'opérer, peut-être par césarienne, enfin que ce serait rapide, un peu comme une appendicite. Le col se dilatait très lentement. Je ne m'attendais pas à ce que ce soit si long. Maintenant, quand j'y pense, je préfère parler d'accouchement parce que c'est ce que j'ai vécu ; je n'ai pas été opérée, j'ai accouché », explique Nadine dont la grossesse était à trente et une semaines.

Les femmes n'imaginent pas vivre un véritable accouchement. Les termes qu'elles emploient en témoignent : « m'opérer », « me l'enlever », « l'aspirer ». Elles ne se doutent pas que cela pourra durer des heures, parfois des jours. Leur premier souhait est souvent d'être endormies, de ne rien sentir, de ne rien voir. Les pratiques sont différentes d'un hôpital à l'autre. Cependant, la prise en charge de ces naissances a beaucoup évolué.

Jusque dans les années 1980, les équipes soignantes pensaient protéger les femmes d'une trop grande souffrance en leur épargnant au maximum la participation à l'accouchement. Celui-ci se passait sous anesthésie générale. Tout était fait pour que la femme ne voie rien, ne sente rien. Le retour à la maison se faisait le plus rapidement possible, sans avoir vu le corps du bébé. Un célèbre obstétricien a parlé de véritable « conspiration du silence » concernant ces accouchements d'enfants morts.

L'évolution des pratiques résulte d'un travail de réflexion des équipes et des observations rapportées par des psychiatres sur les séquelles à long terme de ces morts périnatales. L'absence de rites funéraires et l'ignorance de ce qui a été fait du corps du fœtus rendent la perte irréelle et inacceptable. Le deuil peut être compliqué et prolongé lorsque aucun élément du réel ne vient confirmer cette perte et que l'entourage agit comme s'il ne s'était rien passé. La réflexion engagée par certaines équipes a permis d'améliorer l'accueil et l'accompagnement des couples.

Dans certaines maternités, avant l'accouchement, un médecin référent reçoit le couple pour parler de l'accouchement et des démarches administratives. Il explique l'intérêt de l'autopsie. Les équipes savent que les parents sont souvent choqués d'évoquer tout cela alors que l'enfant est encore dans le ventre maternel. Mais l'expérience montre que la clarté et la précocité de ces explications permettent au couple de se préparer. Le médecin sait qu'il devra répéter, repréciser ses explications. Après le choc violent que les parents ont éprouvé en apprenant la mort du bébé, ces explications leur permettent de penser à nouveau, d'imaginer la suite des événements.

Caroline, dont le bébé est mort à vingt-huit semaines, raconte :

« Le médecin nous a reçus, mon ami et moi, dans son bureau. Il nous a dit qu'on ne savait pas encore pourquoi le bébé était mort. Il nous a encouragés à faire l'autopsie. Nous avons dit oui, car pour moi c'est très important de savoir ; je crois que je n'arriverai jamais à recommencer une grossesse si je ne connais pas la cause de cette mort. Il nous a ensuite expliqué les problèmes d'état civil, puis le déroulement de l'accouchement. Il y avait quelque chose d'irréel à entendre parler de funérailles, j'avais l'impression d'un flot de paroles qui ne me concernaient pas. Je n'ai pas tout compris, mais j'avais l'impression que nous n'étions pas les seuls à avoir vécu ce drame ; son expérience et son calme m'ont fait un peu de bien. »

L'accouchement représente le moment de confrontation à la réalité du corps de l'enfant. Il est extrêmement angoissant pour une femme d'accoucher d'un bébé mort. Il s'agit là d'une expérience impensable. Comment imaginer assister en même temps à la naissance et à la mort de son enfant ? La femme n'est pas soutenue pendant tout le travail de l'accouchement par l'idée d'une issue heureuse. Le moment du passage en salle de naissances est généralement vécu dans des angoisses de mort importantes.

« Je me suis mise à trembler comme une feuille, raconte Caroline ; à ce moment, je ne pensais plus au bébé mais à ma mort à moi, comme si moi aussi j'allais y passer. »
« Quand la sage-femme m'a dit que le moment de l'expulsion était venu, j'ai paniqué ; mon bébé était mort alors je ne pouvais que mourir, j'avais très peur d'être endormie et de ne jamais me réveiller », rapporte Véronique (dont le bébé est mort in utero à vingt-trois semaines).

Les femmes rapportent combien l'attitude de l'équipe soignante est capitale à ce moment.

Bien sûr, il est douloureux d'entendre les nouveau-nés dans les salles voisines, mais il est sans doute préférable d'être en salle de naissance et entourée que seule dans sa chambre.

Laurence explique :

« C'était très dur d'entendre les bébés naître dans les salles voisines, mais toute l'équipe était là, mon médecin aussi. À partir du moment où l'on m'a descendue en salle, je n'ai jamais été seule. »

Catherine raconte :

« Mon mari était là, mais la seule personne qui me rassurait c'était la sage-femme : elle était calme et humaine, elle me guidait, elle m'a demandé de pousser et j'ai senti le bébé sortir. »

Catherine a véritablement accouché, elle a vécu ce moment de passage du statut de femme à celui de mère. Après ces expériences dramatiques que sont les naissances d'enfants morts, les femmes se plaignent et souffrent souvent d'un entourage ne reconnaissant pas ce statut de mère.

Voir ou ne pas voir

« C'est terrible, je n'ai même pas osé demander s'il était vivant ou mort », dit Sylvie dont la fausse couche a eu lieu à vingt-trois semaines.

Évelyne était aussi à vingt-trois semaines :

« Au réveil, j'ai demandé si c'était une fille ou un garçon. On m'a dit : un garçon. J'étais attendrie : je le savais, j'en avais rêvé. J'avais rêvé de la naissance. Dans mon rêve, il avait les cheveux frisés et les yeux bleus. »

Pour Maria, qui a fait une fausse couche à vingt-deux semaines, la première question au réveil a été de savoir « s'il était bien complet, si tout était normal ».

Sylvie était à vingt-trois semaines et demie :

« Ils m'ont endormie parce qu'ils ne voulaient pas que j'assiste. Moi je préférais ne pas le voir non plus. Mais en me réveillant, je l'ai cherché quand même, c'est bizarre. »

Karine dit :

« L'anesthésie générale pour la fausse couche, ce n'est pas bien. Sentir les choses permet aussi de les assumer. »

Comme le soulignent ces témoignages, les pratiques restent variables d'un hôpital à l'autre. Ces femmes ont eu une anesthésie générale et n'ont pas vu leur bébé. Actuellement, il est rare que ces accouchements se passent ainsi. Sauf contre-indication médicale ou demande explicite de la femme, une péridurale est proposée. Il est également proposé de voir l'enfant. Mais comme nous l'avons expliqué plus haut, cette proposition doit s'inscrire dans une véritable pratique d'accompagnement. La présentation ne doit jamais être une obligation. L'important est qu'une évolution soit rendue possible. L'expérience montre que la première réaction d'effroi consistant à ne rien vouloir voir peut évoluer au cours de l'accouchement. Bien souvent, le couple surmonte son angoisse et demande à voir l'enfant. Parfois, seul l'un des deux parents souhaite le rencontrer. Les soignants doivent rester vigilants, se donner le temps d'écouter la femme pour lui laisser la possibilité de dire ce qu'elle souhaite. Son désir peut être étouffé par l'entourage familial qui est très pressé de la voir rapidement oublier. Pour la protéger, ses proches la mettent parfois à l'écart des décisions et parlent en son nom. Parfois le couple ne souhaite pas rencontrer l'enfant mais désire que l'équipe lui en parle.

Certaines équipes présentent l'enfant après l'avoir lavé, habillé. Cette présentation est dite « humanisée » ; ainsi présenté, nommé par ses parents, l'enfant est bien un enfant. C'est un temps d'intense émotion pour tous. Les parents savent également qu'ils pourront le voir ou le revoir plus tard.

> « Au début, il m'était impensable de le voir, cela me faisait très peur. J'avais peur de garder une image qui me poursuivrait. En fait, je n'imaginais pas quel aspect pouvait avoir un bébé à presque six mois de grossesse. L'accouchement a été long, mon mari était là, la sage femme nous a expliqué un peu comment était un bébé à ce terme et puis ça s'est fait naturellement. Je savais que c'était un garçon ; après avoir poussé pour le faire sortir il me semblait impossible de ne pas le rencontrer. Nous avons été incroyablement surpris, mon mari et moi, il était tout fini, c'était un vrai bébé pas un monstre. Il était très beau », raconte Catherine.

Camille Laurens, dans son livre émouvant sur le sujet[1], cite une jeune femme ayant perdu son enfant à six mois de grossesse :

> « J'ai découvert, dit-elle, ce petit visage. Mon bébé. Je suis restée éberluée d'admiration devant lui. Le docteur a murmuré qu'il est beau ! La fierté de la mère, je l'ai éprouvée moi aussi. Je l'ai revendiquée. J'ai eu besoin de le dire au monde entier, que mon bébé était beau. »

1. C. Laurens, *Philippe*, POL, 1995.

Des photos de l'enfant habillé sont faites et proposées aux parents. S'ils ne souhaitent pas les voir dans l'immédiat, ils savent qu'elles sont dans le dossier. Elles sont une preuve tangible de cette naissance. Elles peuvent aussi déculpabiliser la mère qui s'en veut d'oublier les traits de son enfant.

Sophie est une très jeune femme qui n'a pas souhaité voir son bébé mort in utero à vingt-huit semaines, ni les photos.

> « Je ne pense pas que je regretterai un jour, je n'ai encore jamais vu de mort. C'est vrai que cela me fait un peu peur. Je crois que je préfère garder l'image de l'échographie et celle de mon imagination. »
> « Je ne pense pas que les photos soient vraiment importantes pour moi. J'ai vu mon enfant et je ne trouve pas les photos ressemblantes. »
> « Je regrette d'avoir récupéré ces photos, j'aurais préféré continuer d'imaginer mon bébé », dit encore Édith.

On peut en effet s'interroger sur le rôle des photos lorsque les parents n'ont pas vu l'enfant. Est-il possible de reconnaître comme sien un enfant à partir d'une photo ?

Ces pratiques ne sont bénéfiques que si elles correspondent au désir des parents. Elles devraient toujours être proposées sans jamais être imposées. Chaque cas est une histoire de vie singulière et les soignants doivent faire preuve d'une grande souplesse afin de ne pas imposer leurs propres idées sur le deuil. Dans notre société où la mort est souvent refoulée, chassée de nos pensées et de notre vue, des éléments très concrets comme les photos ou la vue du corps du fœtus ne sont pas indispensables pour tous.

Ce qui compte surtout, c'est la reconnaissance de l'événement par l'entourage : le récit des soignants, leur compassion, l'affection du conjoint, des amis. Entendre parler de l'enfant perdu, pouvoir en parler permet aux femmes de lui faire une place dans leur histoire. Les informations sur l'état de l'enfant, son aspect extérieur, son sexe sont primordiales aussi. Elles aident les femmes qui n'ont pas vu l'enfant à se le représenter, à lui donner une réalité. Elles leur permettent d'éliminer des images d'enfant monstrueux et d'alléger les sentiments de culpabilité.

Ces pratiques d'accompagnement demandent de la part des soignants une véritable réflexion sur la mort, sur l'intolérable de la mort d'un enfant. C'est un projet d'équipe que tous ne peuvent et ne veulent assumer. Il ne faut pas oublier que le personnel qui travaille dans des services de gynécologie et d'obstétrique n'est pas particulièrement préparé à affronter l'échec ou la mort.

Certains soignants tout comme les proches ont du mal à réaliser que cette souffrance doit pouvoir s'exprimer, qu'on ne peut en faire l'économie, qu'elle est au contraire une étape indispensable de ce qu'on appelle le travail de deuil.

Que devient l'embryon ou le fœtus ?

Lors d'une fausse couche précoce, pour parler de l'embryon, les médecins disent « le produit de la fausse couche ». Ce terme froid n'a rien à voir avec ce que les femmes ont le sentiment d'avoir perdu. Même en tout début de grossesse, l'embryon est déjà un enfant pour bon nombre d'entre elles et, tout naturellement, elles s'inquiètent de son sort.

En essayant d'obtenir une réponse à cette question, les femmes tentent de faire préciser une réalité incertaine. Elles expriment surtout leurs regrets et leur désarroi devant le peu de cas qui est fait, bien malgré elles, de l'embryon.

Il arrive souvent que ce qui est perdu lors de la fausse couche précoce soit difficilement identifiable. Paule, qui était enceinte de dix semaines de grossesse, dit par exemple :

> « Ce qui me fait mal au cœur, c'est que l'embryon, je ne sais pas où il est parti. Je ne savais pas le reconnaître. Si ça se trouve, je l'ai perdu dans les toilettes... »

Il n'est pas rare que la fausse couche se passe ainsi, et la façon dont l'embryon est éliminé aux toilettes a quelque chose d'absurde et de dérisoire. Il y a un décalage trop important entre la représentation du bébé que les femmes peuvent avoir et les débris informes expulsés lors de la fausse couche.

Giselle, qui était enceinte de onze semaines, l'exprime à sa façon :

> « J'ai perdu quelque chose de gros comme une orange. J'ai pensé que tout était parti. Quelques jours après, j'ai recommencé à perdre des caillots. Aux urgences, l'interne a récupéré quelque chose de rigide et de rabougri dans la cuvette. C'était peut-être le bébé ? Mon mari et moi, on était sidérés. »

Lorsqu'une fausse couche précoce a lieu dans le cadre hospitalier, ce qui est recueilli est généralement envoyé au laboratoire pour des analyses anatomopathologiques, bactériologiques et si possible génétiques. Ces examens permettent parfois de repérer la ou les causes de la fausse couche : malformation, infection ou anomalie chromosomique, et les risques éventuels pour les grossesses suivantes. Ils sont aussi indispensables pour diagnostiquer une grossesse molaire qui nécessite des analyses et parfois des traitements complémentaires.

Après ces différents examens, les produits de fausse couche sont incinérés avec les autres déchets hospitaliers. Tout comme aujourd'hui, il semble que traditionnellement le corps médical ait fait peu de cas des produits de fausses couches précoces. Un historien rapporte que, du XVIe au XIXe siècle, « la légèreté à l'égard de l'avorton est souvent étonnante » : « On l'égare, on l'oublie sur une table, dans un coin de la pièce, [...] considéré comme un déchet, il arrive même qu'on le jette à la voirie[1]. »

En revanche, lors d'une fausse couche tardive, les parents faisaient le nécessaire pour que l'enfant soit baptisé, afin qu'il ait une sépulture chrétienne. « Lorsqu'il naissait mort, tout espoir s'effondrait. On ne baptise pas un cadavre !... L'enfant était enseveli en terre profane, dans le champ ou le jardin, seul, comme une bête[1]. »

Maria, l'une des femmes rencontrées, raconte que lorsqu'elle était enfant, dans son village au Portugal, les femmes qui faisaient une fausse couche recueillaient l'embryon dans un bocal et le conservaient à côté d'une image de Notre-Dame de Fatima, attendant qu'un enterrement ait lieu. Le bocal était alors placé dans le cercueil, à côté du mort.

Toutes les femmes n'accordent pas la même importance au sort qui est réservé à l'embryon ou au fœtus après une fausse couche. La plupart n'osent pas en parler tout en déplorant le silence et le manque de considération de l'entourage et des soignants à l'égard de ce qu'elles ont perdu et dont il ne restera aucune trace. Lorsque rien ne leur est dit, l'ignorance laisse la place aux fantasmes : « Ils le brûlent », « ils le jettent aux ordures », « ils le dissèquent », disent-elles.

1. V. Gélis, *L'Arbre et le Fruit*, Fayard, 1984.

Rose s'exprime ainsi :

> « Je me suis demandé pourquoi ils le mettaient dans du formol. J'aimerais savoir ce qu'ils en font, s'ils le dissèquent. C'est important, mes enfants vont me le demander. »

L'évolution dans les pratiques d'accompagnement des morts fœtales s'est naturellement prolongée par une réflexion sur le devenir des corps. Des parents, soutenus par certaines équipes soignantes, ont mené un combat afin que soit pleinement reconnu leur statut de parents. Ainsi, des avancées juridiques ont été faites dans le domaine des décès périnataux.

D'après la loi, un enfant n'existe aux yeux de l'état civil qu'à partir d'un poids de cinq cents grammes ou d'une durée de gestation minimale de vingt-deux semaines c'est-à-dire quatre mois et demi. Avant la loi du 30 novembre 2001, seule était prise en compte la vitalité de l'enfant à la naissance. Ainsi, un fœtus né à quatre mois et demi qui vivait quelques minutes avait un acte de naissance et de décès alors qu'un enfant mort-né de presque six mois n'avait aucun état civil.

Désormais, lorsque l'enfant est mort à la naissance, un acte d'« enfant né sans vie » est délivré s'il pèse au moins cinq cents grammes ou s'il est âgé de quatre mois et demi (vingt-deux semaines).

Si l'enfant est né vivant mais non viable, c'est-à-dire en dessous du seuil des cinq cents grammes ou du seuil des vingt-deux semaines, il est délivré un acte d'« enfant déclaré sans vie ». Dans ces deux cas, des funérailles sont possibles mais non obligatoires.

Enfin, si l'enfant est né vivant et viable, (c'est-à-dire à vingt-deux semaines ou avec un poids de cinq cents grammes), il est délivré un « acte de naissance et de décès ». Ses nom et prénom doivent figurer sur le livret de famille de ses parents. Ses funérailles sont obligatoires.

Les hôpitaux ont le choix d'incinérer ou d'organiser des funérailles pour les corps des bébés déclarés sans vie et non repris par leur famille et de ceux sans acte d'état civil.

Sur le plan légal et administratif, cette nouvelle réglementation est importante car elle permet à la mère de bénéficier des droits sociaux consécutifs à une naissance. Elle contribue aussi pour les couples à la reconnaissance de leur statut de parents.

CHAPITRE 5

QUE FAIRE APRÈS ?

Doit-on prendre du repos ?

Après une **fausse couche**, il est normal de se sentir fatiguée. Il y a des femmes qui se sentent très fatiguées et restent au lit pendant plusieurs jours. D'autres ne ressentent qu'une fatigue légère et désirent reprendre leurs activités rapidement. L'intensité de la fatigue dépend du contexte médical de la fausse couche : si elle était tardive et comparable à un accouchement, si une anesthésie générale a été nécessaire, s'il y a eu hémorragie, la fatigue peut être plus importante dans les jours qui suivent.

> « Pendant une semaine, je suis restée chez moi, dit Stéphanie qui a fait une fausse couche hémorragique à quinze semaines ; je ne pouvais pas sortir, je ne pensais qu'à me reposer, je dormais toute la journée. J'étais très, très fatiguée. »

Parfois, fatiguées ou pas, les femmes reprennent leurs activités rapidement et retrouvent leur tonus. Par exemple, Mireille a fait une fausse couche à dix semaines : c'est la deuxième fois que cela lui arrive. Elle est médecin. Elle a eu une aspiration sous anesthésie générale le matin même et ne veut pas d'arrêt de travail. Elle dit :

> « Je travaille beaucoup, un cabinet, ce n'est pas facile. Je reprends mes consultations cet après-midi. J'adore mon métier. J'ai déjà décommandé pas mal de patients avant la fausse couche ; il va falloir mettre les bouchées doubles. À ma première fausse couche, j'ai fait pareil et je me suis remise très vite. Cela ne m'a pas posé de problème. J'étais juste un peu fatiguée. »

Le sentiment de fatigue et le besoin de repos sont très liés aussi au moral et en particulier à l'intensité de la tristesse qui suit la fausse couche. Hélène, qui a fait une fausse couche précoce et a eu une aspiration, remarque :

> « Je suis rentrée à la maison. Mon mari était très compréhensif. J'ai passé toute la semaine au lit. Je pleurais tout le temps. Je ne pouvais pas me tenir debout. Quand le téléphone sonnait, je ne voulais pas répondre, je ne voulais parler à personne. »

Tout comme lors d'un épisode dépressif, l'abattement, le repli sur soi sont souvent présents après une fausse couche.

Quand reprendre son activité professionnelle ?

En cas de fausse couche précoce sans complication, la durée moyenne de l'arrêt de travail est d'une semaine. Le congé peut évidemment être plus long après une **fausse couche tardive** ou une **mort fœtale in utero**. Si un certificat d'enfant déclaré sans vie ou un acte de naissance et de décès a été délivré, le congé est équivalent au congé de maternité (voir chapitre 4).

Deux mois après la fausse couche, la plupart des femmes estiment que, pour récupérer de la fatigue physique, l'arrêt de travail est trop court. En revanche, la plupart pensent que d'un point de vue psychologique, cette durée est suffisante.

Est-il normal de saigner et pendant combien de temps ?

Les saignements qui suivent une fausse couche sont très variables aussi bien en abondance et en aspect qu'en durée. En général, ils s'arrêtent spontanément au bout de deux ou trois semaines. Si ce n'est pas le cas, il faut prévenir son médecin car il se peut qu'un bout de placenta soit resté dans l'utérus. Une échographie permet de le vérifier et, si c'est nécessaire, on effectue alors un curetage évacuateur.

Après l'accouchement d'un enfant **mort in utero**, comme après tout accouchement, il est normal de perdre du sang mêlé à des débris de la muqueuse utérine et à des caillots de sang (lochies) pendant environ quinze jours.

Pendant la période des saignements, il est préférable d'utiliser des serviettes hygiéniques, plutôt que des tampons. Ces derniers peuvent provoquer une infection au niveau du col car il est parfois un peu ouvert et fragile. Pour cette même raison, il vaut mieux prendre des douches plutôt que des bains.

Quand recommencer les rapports sexuels ?

En général, on pense qu'il vaut mieux attendre que les saignements soient terminés, le risque étant toujours celui d'une infection possible ; mais les avis sont partagés.

Cécile raconte :

> « À ma sortie de l'hôpital, l'interne m'a dit que je pouvais avoir des rapports tout de suite. Mon médecin traitant que j'ai vu après m'a dit : "C'est à vous de voir. Ce n'est pas évident..." Moi, j'ai attendu que les saignements s'arrêtent. De toute façon, je n'avais pas envie. Le fait d'avoir été tripotée, opérée, tout ça... je me sentais mal dans ma peau. Heureusement mon mari est très compréhensif. Il a attendu. »

Comme Cécile, certaines femmes constatent une baisse du désir sexuel. Qui peut aussi atteindre leur compagnon.

Christine a ainsi senti un certain décalage entre son propre désir et celui de son compagnon :

> « En sortant de l'hôpital, j'avais envie d'avoir des rapports amoureux. Je voulais retrouver quelque chose que ces événements-là m'avaient fait perdre. Lui, il avait peur de me faire mal. Il parlait de cicatrisation, de convalescence... »

Il faut savoir que ces phénomènes sont passagers et il est important de les accepter sans inquiétude.

Quelle contraception pratiquer ?

Après une **fausse couche précoce**, si l'évacuation utérine a été faite par intervention chirurgicale, il est classique de prescrire une pilule séquentielle fortement dosée pendant un cycle complet, en commençant dès le lendemain de l'intervention. Ce traitement permet une bonne repousse de la muqueuse utérine. Les règles reviennent environ trois jours après la prise du dernier comprimé. Pour les cycles suivants, si on désire reprendre une contraception, une pilule moins fortement dosée est conseillée.

Si la fausse couche s'est produite sans aucune intervention médicale, les règles reviennent au bout de quatre à six semaines car, en général, l'ovulation est un peu retardée. Pendant cette période, il faut utiliser des préservatifs masculins ou des ovules spermicides. Ensuite, dès le début des règles, il est possible de prendre une pilule contraceptive.

Un stérilet peut être également posé aux premières règles suivant une fausse couche.

Après un **avortement tardif** ou une **mort in utero**, les femmes qui le désirent peuvent prendre une pilule contraceptive. Il est conseillé de prendre une pilule microprogestative, c'est-à-dire contenant de toutes petites doses de progestatif, pour diminuer le risque d'une éventuelle phlébite.

Quels traitements suivre juste après ?

Si le groupe sanguin n'est pas connu, une prise de sang est nécessaire car, en cas de rhésus négatif, on pratique une injection de gammaglobulines antirhésus pour éviter les accidents de l'incompatibilité rhésus au cours des grossesses suivantes.

En cas d'avortement hémorragique, il faut rechercher des signes cliniques et sanguins d'anémie, et suivre si nécessaire un traitement par le fer pendant environ deux mois.

Tout traitement antibiotique commencé à l'hôpital pour une infection doit être poursuivi le nombre de jours indiqué par le médecin prescripteur. L'interruption du traitement pourrait provoquer une infection de la muqueuse utérine (ou endométrite) ou une infection au niveau des trompes (ou salpingite) qui pourrait avoir de graves conséquences pour une prochaine grossesse.

Après une **fausse couche tardive** ou une **mort in utero**, on prescrit un traitement pour empêcher la montée de lait, dès l'évacuation du fœtus et pendant deux semaines.

Un traitement par utéro-tonique (Méthergin ou

aussi Cytotec) permet à l'utérus de retrouver son volume normal. Il peut être prescrit après une fausse couche tardive ou l'accouchement d'un enfant mort in utero. Dans certains hôpitaux, on le prescrit systématiquement, indépendamment du terme. Il est alors poursuivi pendant quelques jours.

Une consultation de contrôle au cours du mois suivant la fausse couche ou la mort fœtale est tout à fait conseillée. Cette consultation permet aussi de poser au médecin les questions qui sont restées en suspens.

En cas de fausse couche sans aspiration ni curetage, une échographie de contrôle permet de vérifier qu'il ne reste plus rien à l'intérieur de la cavité utérine.

Quels analyses et examens sont nécessaires avant une nouvelle grossesse ?

Dans le cas des fausses couches à répétition, il faut faire des examens pour essayer d'en connaître la cause. C'est le plus souvent après la troisième fausse couche consécutive que l'on fait un bilan chez la femme et chez son partenaire. Dans certains cas, un tel bilan peut avoir lieu plus tôt, par exemple si le temps presse parce que la femme approche de la quarantaine. En cas de fausse couche tardive ou de mort in utero, si la cause ne paraît pas évidente, un bilan approfondi est nécessaire.

Chez la femme

Le médecin rassemble toutes les informations disponibles sur ses antécédents médicaux et chirurgicaux et sur le déroulement des fausses couches précédentes en cas de fausses couches à répétition. Il recherche d'éventuels problèmes de grossesse chez la mère de la femme et une possible exposition au Distilbène.

Il analyse également les résultats des examens déjà effectués (résultats d'échographie, d'examen de l'œuf, prélèvements au niveau du fœtus, du placenta). Cette étape permet d'avoir une première idée d'une cause possible.

Un bilan très complet est alors demandé, mais la nature et le nombre des examens peuvent varier selon les cas.

À partir de prélèvements sanguins on effectue différents types de dosages :

– des **dosages hormonaux** (voir glossaire) pour déceler des problèmes d'ovulation et en connaître la cause :

• hormones hypophysaires : prolactine, FSH, LH et TSH (hormone de régulation de la thyroïde) ;

• hormones thyroïdiennes (T3, T4) ;

• hormones surrénaliennes (testostérone, sulfate de DHA) ;

• hormones ovariennes (en première partie du cycle : œstrogènes et parfois androgènes, et en deuxième partie : œstrogènes et progestérone).

– un **bilan métabolique** en pratiquant une hyperglycémie provoquée ;

– un **bilan rénal** (dosage de la créatinine, de l'acide urique, ionogramme sanguin) à la recherche d'une insuffisance rénale ;

– un **caryotype** pour rechercher des anomalies dans le nombre et la structure des chromosomes ;

– un **bilan immunologique** qui permet d'étudier le mécanisme de la tolérance mère-fœtus en recherchant l'existence d'anticorps antipaternels et en identifiant le groupe tissulaire HLA (Human Leucocyt Antigen). L'appartenance à tel ou tel groupe tissulaire HLA fait partie des caractéristiques immunologiques et génétiques de chaque individu, un peu comme le groupe sanguin. Lorsque le père et la mère sont de groupes

HLA proches, il semble y avoir un risque élevé de fausses couches à répétition car la mère ne fabrique pas les anticorps antipaternels de reconnaissance du fœtus ;

– un **bilan de coagulation** (hémostase) à la recherche de causes thrombophiliques.

En effet, certains troubles de l'hémostase peuvent donner des infarctus placentaires à l'origine de fausses couches à répétition et de morts fœtales in utero. On recherche une anomalie du taux de plaquettes et des différents paramètres de la coagulation Ces examens sont à faire à distance de la grossesse, environ quatre mois après. En dehors de tout traitement anticoagulant ou de pilule contraceptive. On peut également faire des recherches en biologie moléculaire de certains gènes, qui donnent des anomalies de la coagulation, et des antiphospholipides.

On recherche aussi une éventuelle maladie autoimmune et d'autres éléments comme des anticorps antinucléaires, antithyroïdiens, et anticardiolipines.

À partir de **prélèvements vaginaux et sanguins**, on effectue également un bilan infectieux.

Une **biopsie d'endomètre** permet de voir si la muqueuse est bien préparée à recevoir l'œuf. Elle est effectuée dans la deuxième partie du cycle, au cours d'une consultation. L'examen consiste à prélever un petit morceau de muqueuse utérine. Le prélèvement est indolore et ne nécessite aucun traitement particulier.

Une **hystérographie**, qui est une radiographie de l'utérus, peut faire partie du bilan. On recherche une malformation utérine, un fibrome, un polype, une synéchie ou une béance du col. On injecte un produit radio-opaque dans l'utérus, ce qui permet de visualiser les cavités de l'utérus et des trompes. La diffusion du produit peut s'accompagner de douleurs comparables à celles de règles douloureuses. On prescrit généralement un traitement antispasmodique à prendre une heure avant l'examen. Après l'examen, un sentiment d'inconfort peut persister, variablement d'une femme à l'autre, jusqu'à l'élimination complète du produit.

Une échographie fait partie du bilan pour compléter les images hystérographiques.

Parfois, on fait une **hystéroscopie**. Cet examen se pratique en consultation. Il consiste à introduire dans l'utérus, par le col, un petit appareil à fibres optiques qui permet de visualiser la muqueuse utérine et d'y déceler des anomalies, comme une endométrite. Il permet également d'effectuer de petits gestes chirurgicaux, comme par exemple de lever une petite synéchie en séparant les deux parois accolées. L'examen provoque des sensations désagréables, parfois douloureuses. On prescrit un traitement antispasmodique à prendre une heure avant et, dans certains cas, un léger traitement contre l'anxiété.

Une **coelioscopie** est parfois nécessaire pour un diagnostic plus précis : cette intervention consiste en un examen des organes internes à l'aide de fibres optiques introduites dans la cavité abdominale.

Chez le partenaire

Un **spermogramme** est effectué : c'est l'étude des spermatozoïdes et des différents composants du sperme. On recherche une polyzoospermie, dont la définition correspond à la présence de plus de 150 millions de spermatozoïdes par millilitre de sperme. Cette anomalie peut entraîner la fécondation d'un ovule par plusieurs spermatozoïdes. On recherche également une tératospermie qui correspond à la présence d'un nombre trop élevé de spermatozoïdes anormaux.

À partir d'examens sanguins on fait faire :

– un **caryotype** pour voir s'il n'y a pas d'anomalies dans le nombre et la structure des chromosomes ;

– un **bilan immunologique** pour le dosage des antigènes du groupe HLA, afin de le comparer avec celui de sa compagne.

Quels traitements sont possibles avant une nouvelle grossesse ?

En fonction des résultats du bilan, on entreprend ou non un traitement préventif en vue d'une nouvelle grossesse.

Ce peut être un **traitement hormonal** pour améliorer l'ovulation. On est parfois obligé de faire une légère induction d'ovulation, puis la phase postovulatoire est soutenue par de la progestérone naturelle ou de l'hormone gonadotrophine (HCG) injectée trois à cinq jours après l'ovulation.

Une insuffisance thyroïdienne ou une insuffisance surrénalienne sont corrigées au moyen d'extraits thyroïdiens ou surrénaliens.

Si nécessaire on stabilise une **insuffisance rénale**. Une nouvelle grossesse peut être alors tentée en accord avec le médecin néphrologue.

L'**hypertension artérielle** chronique doit être traitée et stabilisée avant la conception.

Si un **diabète** est en cause, il est indispensable de rendre normale la glycémie à jeun et après les repas, pendant la période de fécondation.

Certaines **malformations utérines** peuvent être opérées. À partir de deux hémi-utérus on tente de modeler une seule cavité. Les gros fibromes sont enlevés. Ces interventions chirurgicales se font par voie transabdominale, sous anesthésie générale. Il est conseillé d'attendre plusieurs mois avant de débuter une grossesse.

Les fibromes sous-muqueux, les polypes sont enlevés par hystéroscopie sous anesthésie générale. On conseille d'attendre deux ou trois cycles pour commencer une grossesse.

Les synéchies importantes sont supprimées en séparant doucement les parois accolées, les cloisons utérines sont découpées et éliminées, toujours sous hystéroscopie et sous anesthésie générale. À la fin de l'intervention, on pose parfois un stérilet pour trois mois afin qu'au cours de la cicatrisation les parois de l'utérus restent éloignées l'une de l'autre. Une grossesse peut être envisagée dès l'ablation du stérilet.

En cas d'infection, on utilise le **traitement antibiotique** approprié, qui est pris pendant le temps nécessaire à l'éradication des germes. Des examens de contrôle (prélèvements vaginaux, éventuellement nouvelle microhystéroscopie) sont pratiqués pour s'assurer de la guérison.

Si une **anomalie du caryotype** a été découverte, un médecin conseiller génétique doit être consulté. Il donne des informations sur cette anomalie, son mode de transmission et ses risques de répétition, et des conseils sur la conduite à tenir.

En cas de **maladie auto-immune** (par exemple le syndrome des antiphospholipides) sans antécédent personnel de thrombose (phlébite, embolie), on utilise l'aspirine à la dose de cent milligrammes, dès le retard des règles et le diagnostic de grossesse et même parfois dès le désir de grossesse. L'aspirine est prescrite jusqu'à trente-deux semaines, le relais étant alors pris par des injections d'héparine. S'il y a des antécédents de thrombose, l'aspirine sera associée à de l'héparine dès le début de la grossesse.

Les troubles de l'hémostase bénéficient parfois d'un traitement à l'héparine, débuté à une date variable suivant le cas et jusqu'après l'accouchement. En cas d'échec de ces thérapeutiques, on peut faire des perfusions d'immoglobulines pendant la grossesse.

Dans le cas des maladies dites de système, comme le lupus, le traitement de fond habituel doit être poursuivi pendant la grossesse par des corticoïdes ou des immunosuppresseurs.

Ces grossesses doivent être suivies conjointement par un médecin interniste spécialisé dans ces pathologies.

CHAPITRE 6

JUSTE APRÈS : UNE PÉRIODE PLUTÔT DIFFICILE

« Je suis rentrée à la maison comme un camion sans chargement. J'avais gros cœur, je pleurais souvent. J'avais besoin d'être entourée, dorlotée. Je voulais qu'on me plaigne. On fait des plans, et tout disparaît comme ça. Je ne savais pas si je pourrais supporter, j'avais changé, je n'étais plus la même. »

Paule.

Après la perte du bébé à naître, les femmes traversent une période difficile. Pour certaines, cette période peut débuter plusieurs jours après. Elles s'étonnent alors de leur propre manque de réaction. Pourtant, ce temps de latence n'a rien de surprenant. Avant de pouvoir exprimer des émotions, il faut intégrer l'événement et prendre conscience de sa réalité. Rose l'exprime clairement :

> « Je suis étonnée de ne pas ressentir plus de choses. Je crois que j'ai du mal à réaliser. C'est peut-être à la maison que je vais avoir le choc. »

Cette phase de stupeur cesse au bout de quelque temps pour laisser place au désarroi. C'est ce que

Patricia exprime par l'image du camion vide et qui est une impression fréquente et douloureuse ; les femmes parlent de « vide », de « manque », et même d'« amputation ».

La déprime au premier plan

Dans les jours qui suivent, toutes les femmes se sentent déprimées. Cette réaction dépressive se manifeste par des pleurs fréquents et une impression d'abattement et de découragement.

Christine le raconte ainsi :

> « Quand je suis sortie, le lendemain, j'ai passé la journée à pleurer. C'était le contrecoup. Je tenais beaucoup à cette grossesse. Je faisais le deuil de ce bébé que je n'aurais pas. Pendant une journée, j'ai eu l'impression qu'autour de moi tout fichait le camp... je n'avais plus aucune chose à laquelle me raccrocher, comme un état dépressif. J'étais incapable de rien faire. Heureusement, mon mari s'est occupé de tout. J'étais étonnée parce que j'avais envie de sortir de l'hôpital, mais chez moi j'étais fatiguée, j'avais les jambes coupées, j'étais molle... J'ai mis une semaine à retrouver mon tonus. »

Une réaction dépressive touche à la fois le physique et le moral. Le récit de Christine illustre ces deux aspects : elle est triste et sans force.

La période de dépression qui suit la perte se reconnaît à des difficultés ou des symptômes à la fois psychologiques et physiologiques comme des troubles du sommeil, des modifications de l'appétit ou une grande lassitude. Dans les mois qui suivent, la plupart des femmes se plaignent d'insomnies ou de cauchemars et d'une fatigue importante. Des problèmes d'appétit sont moins fréquents ; selon les tempéraments, ils provoquent une prise ou une perte de poids.

Ces manifestations sont souvent spectaculaires et leur intensité peut surprendre ou inquiéter. Il est important de savoir qu'elles sont fréquentes, normales, réactionnelles à l'événement et, dans la plupart des cas, passagères.

Au-delà de ces formes passagères, quelques femmes vivent des dépressions sérieuses. L'intensité de la détresse peut être telle qu'elles ont l'impression d'avoir perdu la raison.

> « Je suis complètement démolie, j'ai trop de peine. Je ne sais pas quoi faire. Je me sens confuse, je perds la mémoire, j'ai toujours les mêmes images qui me reviennent… les petites affaires que j'avais achetées pour le bébé, la chambre, la commode… Quelquefois je me sens devenir complètement folle », dit Maria qui a fait une fausse couche tardive à vingt-deux semaines.

Laure essaie depuis sept ans d'avoir un enfant et elle vient de faire sa troisième fausse couche :

> « Je ne conçois pas la vie sans enfant. Pour l'instant, j'ai l'impression de ne servir à rien. Le ménage, la cuisine, je suis là pour mon mari, c'est tout. »

La souffrance de Laure est ancienne et a laissé des traces profondes. Elle l'exprime par son sentiment d'inutilité, son désintérêt et la perte de l'envie de vivre. Ces signes sont proches de ceux que l'on observe lors d'une dépression sévère.

La révolte et la colère

La tristesse et la déprime vont quelquefois de pair avec la colère.

La cible peut apparaître clairement : le médecin ou l'équipe soignante peuvent être accusés d'incompétence.

Jacqueline dit :

« J'en veux beaucoup au médecin. Il m'a donné un rendez-vous beaucoup trop tard. S'il m'avait prescrit une échographie plus tôt, on aurait peut-être évité la fausse couche. J'aurais pris des précautions, je me serais plus reposée. »

Le bébé de Virginie est mort in utero à trente-huit semaines. Quelques jours après l'accident, elle s'exprime ainsi :

« Il ne me restait plus que trois semaines, je me demande si j'aurais pu être mieux surveillée ? Est-ce qu'on aurait pu éviter ça si j'avais vu la sage-femme cette semaine-là ? Est-ce que ça va recommencer à la prochaine grossesse ? »

L'entourage, le milieu professionnel ou familial n'a pas été perçu comme suffisamment compréhensif ou chaleureux. Nadine raconte :

« À mon travail, les gens ont été méchants pendant ma grossesse. La surveillante a même fait un rapport : j'étais malade, je ne pouvais pas travailler. Elle aurait pu me demander ce qui n'allait pas. Je prends tout à cœur, je suis très nerveuse. Elle m'a rendu la vie impossible. Je ne suis pas près de lui pardonner. »

Souvent la révolte est diffuse, elle s'adresse au destin, à la justice. Paule est traitée pour stérilité depuis plusieurs années et sa première grossesse vient de se terminer par une fausse couche. Elle laisse éclater sa colère :

« J'ai gros cœur, j'ai de la haine au cœur, de la rage, de la révolte. Il était là, il n'est plus là, c'est trop injuste. On perd tout comme ça, d'un seul coup. Il y a des femmes qui en ont trois ou quatre ; il y en a qui les jettent... et moi... ça m'énerve, c'est pas juste. »

Giselle ajoute :

« Ce n'est pas juste. J'ai du mal à les avoir et en plus je les perds. »

Ces attitudes sont un moyen de défense pour lutter contre la tristesse, la maîtriser et ne pas s'effondrer. Elles permettent aussi d'apaiser les sentiments de culpabilité en détournant la responsabilité vers l'extérieur.

La recherche de la cause

Dans la plupart des cas, on ne connaît pas la cause d'une **fausse couche**. Cette ignorance est très difficile à accepter. Rose dit :

« J'aimerais qu'on me dise pourquoi. Si je l'ai fatigué ou s'il était mal fichu, ou si je suis trop vieille, ou si j'aurais dû être mieux surveillée. On a besoin de savoir. C'est normal. »

Savoir pourquoi, c'est important à plus d'un titre. C'est d'abord rassurant : on peut envisager les précautions à prendre pour une prochaine grossesse et se dire que cela n'arrivera plus. Éventuellement, le rôle de tel ou tel facteur peut être précisé, ce qui aide à évacuer les sentiments de culpabilité.

Toutes les femmes se posent la question du pourquoi et les suppositions vont bon train. Leur rythme de vie quotidien est souvent évoqué, surtout la **fatigue** liée à l'activité professionnelle. Par exemple Katia explique :

« Je travaille beaucoup. Mon métier n'est pas calme, je suis toujours pressée. J'ai beaucoup de transports : une heure dans chaque sens. C'est la vie trépidante de Paris. J'aurais dû faire plus attention. Je l'ai trop secoué, c'est pour cela que je l'ai perdu. »

Après la fatigue, **l'anxiété, le stress, la déprime, les soucis** de toutes sortes qui ont marqué le début de la grossesse sont mis en cause.

Emmanuelle raconte :

« J'ai emménagé en juillet à Paris. J'ai eu du mal à m'habituer. J'habitais la province. Les débuts ont été très, très durs. J'ai mal vécu cette arrivée dans la ville. C'est par cette fausse couche que j'ai exprimé mon ras-le-bol. »

Cette difficulté à s'adapter à une nouvelle vie est souvent évoquée par les femmes migrantes. Elles parlent de leur solitude et du « mal du pays » pour expliquer la fausse couche. Nadine est née aux Antilles, elle dit :

« Ici, j'ai du mal à m'habituer. Il fait froid. Les gens sont sévères et renfrognés. Souvent je me dis que c'est le cafard qui m'a fait avorter. Pourtant, j'ai tellement envie d'avoir un enfant. »

D'autres femmes pensent qu'un **choc émotionnel** a pu déclencher leur fausse couche. Sylviane dit :

« J'étais très angoissée parce qu'il n'arrivait pas à voir les battements cardiaques à l'échographie. J'en ai pleuré, peut-être que c'est ça ? »

Nicole raconte :

« Je ne sais pas pourquoi j'ai fait cette fausse couche. Les médecins ne comprennent pas bien. Ils disent que c'est une bizarrerie. Il y a deux semaines, j'ai reçu un coup de téléphone d'une amie qui a perdu son petit garçon de quatre ans, ça aurait pu être mon fils. Cela a été un choc terrible. C'est peut-être ça ? »

La croyance populaire dit bien qu'un choc émotif peut provoquer une fausse couche. Maria se souvient que, dans son village au Portugal, on apprenait aux enfants qu'il ne fallait pas faire peur aux femmes enceintes. Elle se rappelle la fausse couche de sa mère après sa frayeur à la vue d'une souris !

Une dispute, le **refus de la grossesse par l'entourage** précèdent parfois la perte. Pour les femmes, ils y sont alors forcément associés. Agnès explique :

« Quand j'ai annoncé à ma mère que j'étais enceinte, elle s'est mise à me crier dessus. Elle m'a dit que la bêtise de sa vie était d'avoir eu des enfants. Qu'une femme enceinte, c'était très laid. Que j'allais avoir des problèmes de boulot. Je ne veux pas faire de la psychologie à bon marché, mais j'y ai repensé en me demandant si ce n'était pas pour cela aussi que j'avais fait une fausse couche. Il y a des choses occultes qui se passent en nous. »

Marie pense que ses relations avec le père de l'enfant sont à l'origine de la fausse couche. Il ne voulait pas d'enfant :

« C'est le jour où je lui ai annoncé que j'étais enceinte que j'ai eu les premiers symptômes. Il était tellement furieux. Il me menaçait : "À la naissance, on verra ce qu'on verra !" »

Un peu plus loin, elle ajoute :

« À moins que ce soit l'embryon qui n'ait pas voulu de ce milieu familial hostile ? »

Caroline dont le bébé est mort in utero dit :

« De toute façon, dans ma famille, personne ne se réjouissait de cette naissance, ils ne pensaient qu'à mes études à finir. »

L'origine psychologique des **fausses couches** est profondément ancrée dans l'esprit des femmes. En les écoutant, on pourrait même penser que c'est l'une des premières causes de fausse couche.

Leur démarche est tout à fait compréhensible. Comme elles ignorent généralement quel mécanisme a provoqué la fausse couche, elles tentent, après coup, de comprendre et d'interpréter le passé. Dans leurs récits, tous les événements qu'elles associent à la fausse couche, y compris des pressentiments ou des rêves prémonitoires, sont mis en ordre pour prendre un sens. Ce processus permet de mettre fin au doute et à l'ignorance, il aide aussi à « faire sien » l'événement et à l'inscrire dans sa propre histoire.

Lorsqu'elles cherchent les causes de leur fausse couche, les femmes ne citent que très peu les anomalies chromosomiques qui sont pourtant vraisemblablement les causes les plus fréquentes. À part quelques rares exceptions, toutes les explications fournies par les femmes les accusent. Leur démarche est révélatrice des sentiments qui les animent.

L'idée d'une origine psychique des fausses couches précoces est très ancienne puisque Hippocrate conseillait aux femmes enceintes d'éviter toute émotion violente. Très souvent, elles évoquent la fatigue ou le mauvais climat psychologique du début de la grossesse. Il arrive aussi qu'une femme fasse une fausse couche après un stress important, un deuil ou un événement ayant valeur de traumatisme psychologique. Les mécanismes sont mal connus et probablement complexes. Mais il y a du vrai dans la sagesse populaire. Il est impossible de dissocier le psychisme et le fonctionnement du corps. Les recherches en médecine psychosomatique ont montré les liens qui existent entre les émotions et certaines manifestations physiologiques.

Dans certains cas, la grossesse ne tombe pas au bon moment dans l'histoire de la femme, du couple. La fausse couche est alors interprétée comme un refus. Ce type d'interprétation est fréquent et s'accompagne de sentiments de culpabilité. Les femmes s'accusent d'avoir eu des réactions négatives au début de la grossesse. Cependant, le processus est loin d'être un simple lien de cause à effet : certaines grossesses surviennent et se déroulent dans des conditions psychologiques très défavorables sans pour autant aboutir à une fausse couche.

Des causes psychologiques ont été envisagées dans le cas des **fausses couches répétées et inexpliquées**. On a tenté de repérer des caractéristiques psychologiques particulières chez les femmes qui répétaient les fausses couches. Le problème posé par ces études est qu'elles ont été réalisées a posteriori. Les femmes qui y ont participé étaient donc déjà perturbées par leurs nombreuses fausses couches. Les observations rapportées sont donc davantage des conséquences que des causes. De plus, les résultats varient tellement d'une étude à l'autre que, si l'on dresse la liste des prédispositions psychologiques qu'elles mentionnent toutes, on peut s'étonner qu'il n'y ait pas davantage de femmes qui fassent des fausses couches à répétition !

Si les résultats à propos des causes sont encore peu concluants, en revanche les conséquences psychologiques de ces échecs répétés sont manifestes. L'alternance de moments d'attente, d'espoir, puis de déception, est moralement épuisante et met les capacités d'adaptation et la résistance des femmes à rude épreuve. Un soutien psychologique est souhaitable. Il permet de retrouver une forme d'équilibre et de considérer le futur plus sereinement, avec ou sans nouvelle grossesse.

Toutes les femmes qui ont été aidées par la psychothérapie à la suite de fausses couches répétées et inexpliquées témoignent dans ce sens (voir chapitre 8).

Lorsqu'il s'agit de **fausses couches tardives** et de **morts fœtales in utero**, on retrouve ce même sentiment de culpabilité. Néanmoins, les causes psychologiques sont bien moins évoquées par les femmes. L'important est de trouver la cause réelle de l'accident.

Lorsque la famille a autorisé l'autopsie, le médecin reçoit les parents afin de leur expliquer la cause médicale du décès si elle est connue. C'est un moment douloureux mais très important qui permet d'atténuer la culpabilité et d'envisager une autre grossesse plus sereinement.

Armelle dont le bébé est mort in utero à trente-deux semaines raconte :

> « Nous avons demandé l'autopsie afin qu'il soit déterminé s'il s'agissait d'une incompatibilité génétique. Cette autopsie nous a appris que notre bébé était parfaitement normal, ne souffrait d'aucune malformation, aucune hérédité pathologique et qu'il était décédé d'une carence de vascularisation du placenta. »

Après la consultation durant laquelle le médecin lui a expliqué que l'accident était dû à un hématome rétro-placentaire, Virginie, dont le bébé est mort in utero à trente-huit semaines, se dit rassurée :

> « C'était très important pour moi de savoir de quoi était mort mon bébé : comme j'avais déménagé peu de temps avant, je

me sentais coupable d'avoir peut-être fait trop d'efforts. C'est important de savoir que je n'y suis pour rien, mais j'ai quand même très peur pour la prochaine grossesse. »

Culpabilité et sentiment d'échec

Les femmes se posent toujours la question de leur propre responsabilité. Jusqu'à la culpabilité, le pas est vite franchi.

Christiane dit :

« Je me sens responsable de cette fausse couche. Je n'étais pas assez calme, pas assez sereine. »

Marie dit :

« Je me sens moralement responsable. J'ai eu une infection urinaire, mon corps aurait dû réagir contre l'infection mais j'étais trop faible : je me sentais déprimée et j'avais beaucoup maigri. »

Et Giselle :

« Pour le prochain, je resterai couchée du début à la fin. Je n'ai pas été assez prudente cette fois-ci. »

Sophie explique :

« C'est de ma faute, j'ai arrêté la pilule trop tôt. Mon rythme de vie est incompatible avec une grossesse. »

Carole exprime ce même sentiment mais à l'envers, en le niant :

« Je n'ai pas fait d'imprudence, je n'ai rien fait de mal. Je ne me sens pas responsable. »

Nelly va encore plus loin dans l'autoaccusation. Elle explique :

> « Je ne lui ai pas donné la vie. Je suis coupable envers lui : il était vivant et il ne l'est plus par ma faute. C'est quand même moi qui l'ai expulsé. Ce n'est pas loin d'un assassinat, de n'avoir pas su donner la vie. »

La plupart du temps une grossesse même désirée n'exclut pas des sentiments mitigés. Les femmes qui ont déjà des enfants savent que cette ambivalence est très fréquente au début de la grossesse. Si la grossesse s'interrompt, elles se sentent coupables d'avoir eu des **sentiments négatifs**. Elles s'accusent de n'avoir pas eu le bon comportement, le bon état d'esprit ou tout simplement de n'avoir « pas assez désiré la grossesse ». Par exemple, Sabine était partagée entre la joie d'être enceinte et la peur de perdre le poste pour lequel elle suit un stage de formation professionnelle. Après la fausse couche elle explique :

> « Ils auraient pris la grossesse comme prétexte pour ne pas m'accepter, il aurait fallu que je camoufle ma grossesse... Si cela se trouve, c'est pour cela que j'ai fait la fausse couche, j'ai trop travaillé, j'étais trop peu sûre de la vouloir vraiment. »

Hélène a été enceinte pour faire plaisir à son mari :

> « Je ne voulais pas encore d'enfant pour moi. Ma mère en a eu sept. J'ai élevé la petite dernière. Cette grossesse, je ne l'avais pas préparée ; mon mari ne voulait pas que je prenne de contraceptif. J'ai arrêté la pilule, mais au départ je ne voulais pas d'enfant. Une fois que j'ai été enceinte, il a été très heureux. »

La fausse couche, loin d'être un soulagement, a été suivie d'un profond sentiment de remords. Hélène se trouvait anéantie et n'est pas sortie de son lit pendant plusieurs jours. Elle se souvient :

« Dans la journée, je faisais des petites choses dans la maison, mais le soir, quand mon mari rentrait, je me mettais au lit ; je voulais qu'il me plaigne, qu'il me dorlote. »

Son mari, ému, a trouvé les mots pour la consoler.

La perte de la grossesse, quel que soit son terme, est aussi considérée comme un échec que les femmes ressentent d'abord comme une **faillite personnelle**. Ainsi Patricia :

« De toute façon, on a beau essayer de se raisonner, c'est quand même un échec. Je n'ai pas été capable de le faire, cet enfant. »

Après coup, Geneviève, dont c'est la première fausse couche, doute de ses capacités à être mère :

« Arrivée à ce point, je me dis que peut-être ça ne marchera jamais, je n'y arriverai jamais. »

Louise a trente-deux ans et un enfant de cinq ans. Lors de sa seconde grossesse un hématome rétro-placentaire a causé la mort du bébé à trente-cinq semaines, mettant également sa vie en danger. À la suite de cet accident extrêmement traumatisant, elle a déclaré qu'elle ne voulait plus d'enfant. Elle raconte :

« Quelques années après, mon mari m'a dit un jour : "On devrait essayer d'en refaire un." Je me suis effondrée en larmes en disant : "Tu sais bien que j'en suis incapable." »

Difficile aussi d'affronter l'entourage et en particulier sa propre mère. Laure explique :

> « Ma mère, je ne lui ai rien dit. Elle habite loin. Elle veut un petit-enfant. Elle en a eu cinq sans problème, elle ne comprendrait pas. Elle le prendrait trop à cœur. »

Après une fausse couche, lorsque les femmes parlent de leur mère, c'est toujours avec beaucoup d'émotion. Il est douloureux d'avoir déçu leur attente d'un enfant, de ne pas avoir été capable de faire comme elle, aussi bien qu'elle.

L'entourage élargi, en particulier la belle-famille, peut aussi faire sentir qu'on n'a pas été à la hauteur. Hélène dit :

> « Ma belle-mère me l'a déjà fait sentir. Je n'ai pas su donner un fils à son fils préféré. »

Les femmes le disent clairement : face à certaines personnes, elles préfèrent garder le silence. Cécile raconte :

> « On se sent jugée, on a honte. Au bureau, elles me fatiguent avec leurs questions. J'ai envie de leur dire : "Fichez-moi la paix !" »

La culpabilité et les sentiments d'échec, bien qu'injustifiés sur le plan médical, sont presque inévitables. Les femmes semblent avoir réagi ainsi depuis toujours. Un historien rapporte que, du XVIe au XIXe siècle, « La plus grande discrétion entoure habituellement la fausse couche. [...] Un fort sentiment de culpabilité pousse la femme à garder secrète la perte qu'elle a faite. Elle se persuade qu'elle est pour quelque chose dans cette issue malheureuse ».

Il faut donc savoir que la plupart des femmes passent par une période d'autoaccusation. Ces réactions sont passagères et s'atténuent au fil du temps.

La fausse couche, c'est aussi l'**échec de la maîtrise du corps**. Le contrôle des naissances grâce à la contraception rend cet échec encore plus inattendu et plus inacceptable qu'autrefois.

Valérie travaille dans le marketing. Pour elle, la fausse couche est un « raté » qu'elle a du mal à admettre. Elle a planifié sa grossesse comme elle a toujours géré son temps, sa carrière. Elle s'explique :

> « Je voudrais être informée du risque d'une nouvelle fausse couche. Il ne faut pas que cela se reproduise. J'avais tout calculé pour qu'il arrive au bon moment. C'est très lié à mon travail. Je veux un enfant maintenant ou dans cinq ans. Là, il faudrait que je me retrouve enceinte tout de suite… Je n'ai pas compris, je n'ai jamais eu de problème, mon corps fonctionne comme une horloge suisse. »

Tout se passe comme si le fait de pouvoir éviter une grossesse avait comme corollaire de la rendre certaine au moment voulu. Cette idée de maîtrise induite par la contraception est trompeuse et crée bien des désillusions.

Virginie dont le bébé est mort in utero à trente-huit semaines ne cesse de répéter :

> « Mais qu'est-ce que j'ai bien pu faire ? J'ai eu une grossesse formidable, sans aucun problème, ni vomissements ni fatigue, j'étais en pleine forme. Qu'est-ce que j'ai fait, je me demande ce que j'ai fait ? »

Les sentiments d'échec et de honte parfois, le doute dans sa capacité à donner la vie sont d'autant plus forts que durant la grossesse nombre de femmes connaissent un sentiment d'omnipotence. Pour certaines, ce ventre rebondi est une manière d'affirmer leur féminité mais aussi leur fierté de créer. Prolonger biologiquement la lignée, participer à la création de la prochaine génération, peut donner un sentiment d'immortalité.

Les relations avec l'entourage modifiées

Dans les mois qui suivent la perte, la plupart des femmes se sentent plus fragiles, plus vulnérables dans leurs relations avec les autres. Paule raconte, deux mois après la fausse couche :

> « À la maison, c'était terrible ; au moindre petit problème, à la moindre discussion, je m'effondrais en sanglots. Mon mari, ça lui a fait mal au cœur, il n'aime pas que je pleure. »

À l'inverse, d'autres femmes ont le sentiment d'être moins sensibles et plus distantes qu'autrefois. Laure a fait une troisième fausse couche. Elle explique :

> « Avant, j'étais très ouverte à tout. Les gens avaient des petits problèmes bénins, je les écoutais. Maintenant, ça ne passe plus. Je ne peux plus m'y intéresser, je suis moins tolérante. Disons qu'avec tous les problèmes que j'ai eus, j'ai eu ma dose. »

Après une fausse couche tardive ou une mort in utero, lorsque la grossesse était visible par tous, la première rencontre avec les personnes de la famille, du milieu de vie et du lieu de travail est un moment très difficile. Laurence explique :

> « J'avais l'impression que tous mes voisins, les commerçants du quartier me regardaient bizarrement ; personne ne me parlait de mon ventre moins rebondi. Je pense que les gens étaient gênés, ne savaient pas quoi me dire. »

« Je ne voulais voir que ma famille proche et mon mari, ceux capables de comprendre un peu de ma souffrance. »

L'épreuve partagée modifie les **rapports au sein du couple** souvent dans le sens d'un rapprochement.

« Mon mari est assez secret, dit Jacqueline, mais je peux dire que nos relations se sont solidifiées. On a découvert qu'on s'aimait plus qu'avant. »

Moins souvent, la fausse couche produit l'effet inverse. Nelly dit :

« Cette fausse couche, c'est la dernière étape qui fait qu'aujourd'hui mon mari et moi on se sépare. »

Pour ce couple, la fausse couche a accentué de profonds désaccords.

Quand elles ont déjà des **enfants**, les femmes se sentent différentes avec eux. Certaines ont tendance à être plus inquiètes, à vouloir les surprotéger.

« C'est pire qu'avant, dit Nelly qui a un fils de trois ans, je suis plus tourmentée, plus jalouse. Il ne faut pas qu'on lui fasse du mal. J'ai tendance à faire comme lorsqu'il était bébé, à éviter qu'il fasse des choses tout seul. Avant, je lui laissais plus d'autonomie. Il se raccroche plus à moi aussi. »

L'enfant qui est déjà là occupe soudain une position particulière. Il doit combler le besoin d'amour et de réparation de ses parents qui viennent de subir une perte. Il est aussi l'objet de leur inquiétude car cette perte fait naître ou ravive une angoisse de mort et, consciemment ou non, les parents ont peur que le malheur se répète.

Plus rarement, les relations avec les enfants sont plus difficiles et les mères se sentent moins patientes. Catherine confie :

« Ma fille a deux ans et demi et elle est devenue absolument épouvantable. Je ne sais pas si c'est l'histoire de la fausse couche, parce qu'elle savait qu'on attendait ce bébé, ou tout ce qu'il y a eu autour... Mon mari et moi sommes plus nerveux. Je ne la supporte pas ; dès qu'elle fait une petite comédie, je m'énerve. »

Catherine aurait voulu « souffler » un peu, se ménager un temps pour assimiler la perte qu'elle vient de vivre de façon très douloureuse. Sa fille de deux ans lui demande une attention et une énergie qui lui manquent pour l'instant.

Ces attitudes de surprotection ou d'agacement réciproque sont liées à la dépression maternelle et paternelle. La famille est momentanément déstabilisée. Il faut le savoir et pouvoir l'accepter. On peut appeler à l'aide une grand-mère ou une femme de l'entourage familier qui se sent disponible pour prendre le relais auprès de l'enfant.

Quel que soit leur âge, les enfants ne réagissent pas toujours de façon évidente pour l'entourage. Il y a parfois de petits signes de malaise comme des réveils nocturnes, un changement de caractère ou une plus grande fragilité émotionnelle. Dominique a été convoquée par l'institutrice de sa fille. Elle raconte :

« Mes enfants étaient très déçus, surtout ma fille qui a huit ans. Elle a dû sûrement être très inquiète. Sa maîtresse a voulu me voir parce qu'elle la trouvait changée et souvent dans la lune, ses résultats s'en ressentaient. Je lui ai expliqué que j'avais fait une fausse couche. Elle pense que c'est peut-être ça. J'en ai reparlé avec ma fille qui est allée elle-même dire à sa maîtresse : “Maman a fait une fausse couche.” Cela a dû la soulager. Apparemment les choses se sont arrangées. »

Les femmes ressentent souvent de façon douloureuse le moment de l'annonce aux enfants aînés. Elles se demandent ce qu'il faut leur dire. Il est important de parler à l'enfant et de lui donner des explications selon son niveau de compréhension. Ce qu'il ressent confusément et qui l'inquiète est clarifié, apaisé par des mots. On doit lui dire ce qui s'est passé en trouvant les termes qui sont à sa portée. L'enfant ressent toujours une grande ambivalence face à l'arrivée prochaine d'un bébé à la maison et il en éprouve un sentiment de culpabilité. Comme sa tendance naturelle est de se sentir responsable du chagrin de ses parents, lui parler c'est aussi lui permettre d'évacuer une part de sa culpabilité. Cela peut être fait par n'importe quelle personne de l'entourage familier qui est en mesure d'expliquer sans angoisse et de répondre calmement aux questions de l'enfant.

Le travail du deuil

La période qui suit la perte évoque par bien des aspects ce que l'on observe lors d'une période de deuil.

Le deuil, d'après Freud, est « une réaction extraordinairement douloureuse qui nécessite un travail psychique intense ». Une fois achevé, ce travail permet de se détacher des souvenirs et des espoirs attachés au mort.

À la suite de Freud, les différentes étapes du travail de deuil ont été décrites. La première période est une période d'incrédulité, d'engourdissement. Elle dure de quelques heures à quelques semaines. Ensuite vient une phase marquée par la colère, la révolte. La réalité de la perte devient évidente et entraîne des sentiments de frustration. Les causes de la mort sont recherchées. La colère est dirigée contre l'entourage, les soignants ou contre soi-même (sous forme de sentiment de culpabilité). L'étape suivante est celle du désespoir et de la dépression : la perte est finalement acceptée comme définitive. Cette acceptation s'accompagne d'un réaménagement de la vie. La fin du travail de deuil est marquée par une impression de soulagement, de libération et par la possibilité d'établir de nouvelles relations.

Ce travail est de durée variable et peut aller de quelques mois à plus d'une année. Certains rites, ou certaines pratiques religieuses l'encadrent et le facilitent. Ils varient d'une culture et d'un pays à l'autre.

Pour la plupart des femmes, à des moments et des degrés divers, toutes les étapes du travail du deuil sont présentes dans la période qui suit la perte du bébé à naître. Pourtant, cette perte n'a pas la même signification symbolique que la perte d'une personne aimée bien réelle. Comment comprendre le deuil d'un être qui n'a pas véritablement vécu ?

La perte se produit à plusieurs niveaux. Elle est d'abord réelle puisque la grossesse et l'embryon ou le fœtus ont été perdus, mettant fin aux projets et aux espoirs d'une femme, d'un couple. Elle est également symbolique, surtout si c'est une première grossesse, car la réalisation du désir d'enfant, désir déjà présent chez la petite fille, est menacée. Durant la grossesse, la femme se prépare progressivement à devenir mère. Lorsqu'il s'agit d'un premier enfant et que ce processus est interrompu avant qu'elle n'accède au statut de mère réelle, c'est son identité même qui peut vaciller. Enfin, cette perte entraîne la perte d'un statut social vis-à-vis de l'entourage.

Pour certaines femmes, lors d'une fausse couche précoce, la déception peut être brève et relativement indolore. Emmanuelle a fait une fausse couche à onze semaines. Elle a déjà deux enfants. Deux mois après elle reconnaît :

« Psychologiquement, j'ai été contrariée. Sur le coup, j'étais très déçue, je m'étais préparée à cette grossesse, j'avais fait des projets. Ensuite, la santé et le moral revenant, mes enfants me réclamant comme d'habitude, je me suis très vite remise de cet incident. »

Dans certaines circonstances, c'est un deuil véritable, long et douloureux. Liliane n'a pas d'enfant elle a fait une troisième fausse couche à vingt-deux semaines. Deux mois après, elle raconte :

« En sortant de l'hôpital, j'ai dit au chauffeur de taxi : "J'ai perdu mon bébé." Je lui ai dit ça parce que c'est comme ça que je l'ai vécu. Depuis que je suis rentrée à la maison, c'est très, très dur. Je ne peux pas écouter certains morceaux de musique sans pleurer. Je suis très sensible aussi à la publicité. À la télé, il y a une pub pour une assurance-vie. C'est une femme qui est couchée, qui est enceinte et finalement qui accouche. On lui met le bébé sur le ventre, il est tout mignon. Quand j'ai vu cette pub-là, j'ai pleuré pendant une demi-heure. Maintenant, c'est cure de repos. L'avenir nous fait peur. À quoi bon des projets, si après c'est pour les annuler ? »

Véronique a perdu son premier bébé in utero à trente-deux semaines. Six mois après, elle raconte :

« Le plus horrible a été la sortie de la maternité les bras vides : pas de couffin à porter, ni de couches à acheter. J'avais peur de devenir folle, tous ces mois avec lui et puis plus rien. »

Comme nous l'avons dit, toutes les étapes d'un travail de deuil sont présentes lors de ces pertes avant la naissance. Cependant, il s'agit d'un deuil particulier à bien des égards.

En effet ce deuil survient pendant une période : la grossesse, qui est elle-même un moment de crise complexe et de grande vulnérabilité psychique.

Lorsque l'on perd une personne aimée, il faut s'en séparer physiquement, accepter de ne plus la revoir. De quoi doit-on se séparer lorsqu'il s'agit d'un enfant ressenti et imaginé, mais non séparé de soi ? Le deuil intervient alors que mère et enfant n'ont pas encore été séparés, que l'enfant n'a pas encore été reconnu comme une personne spécifique. Ce deuil s'accompagne de la perte des sensations des mouvements du bébé en soi, entraînant un sentiment de vide intérieur. Les femmes décrivent le sentiment de vivre l'amputation d'une partie de soi. Cette proximité entre naissance et mort, ces sensations de manque peuvent entraîner un sentiment d'irréalité et une difficulté à reconnaître cette mort. Un médecin évoquait une femme revenant le voir en tant que témoin de sa grossesse : « Je reviens vous voir car vous, vous m'avez vue enceinte. »

CHAPITRE 7

D'AUTRES MOMENTS DIFFICILES

Après une fausse couche ou une mort fœtale in utero, la douleur s'estompe au fil du temps, mais le retour vers la sérénité ne s'obtient pas sans détour.

Ce qui rappelle la perte

Des symptômes comme après une naissance

Après une fausse couche tardive ou une mort fœtale in utero, la période difficile est compliquée par un certain nombre d'épreuves. Il y a la montée de lait qui malgré le traitement est quelquefois longue et douloureuse à faire passer. Il y a le carnet de maternité qui arrive un matin par la poste. Il y a les kilos en trop, et même parfois la prise de poids qui continue ; il y a le ventre qui a du mal à retrouver sa forme de départ et inévitablement les gaffes de l'entourage qui demande : « Alors c'est pour bientôt ? » Cette succession de désagréments contribue à retarder le moment où la douleur s'estompera.

Lorsque l'enfant avait déjà sa place

Dans l'imagination des femmes, au début de la grossesse, la place de l'enfant n'a pas nécessairement grand-chose à voir avec sa taille réelle : à peine conçu (et même avant !), il peut occuper une place immense. Marie-Claude explique que, pour elle, à huit semaines de grossesse :

> « L'enfant est présent immédiatement, c'est comme s'il était déjà un fœtus. En tant qu'enfant, je le voyais déjà grand garçon, je voyais comment j'allais préparer sa chambre. J'avais déjà pris rendez-vous pour l'accouchement. Je voulais l'inscrire à la crèche. Je cherchais des prénoms. »

Gabrielle, dont la grossesse s'est arrêtée à neuf semaines, raconte :

> « À deux mois, on se touche le ventre. Je n'avais pas encore acheté la layette, mais nos vacances, nos projets étaient combinés. »

Plus l'enfant rêvé en début de grossesse est précis et présent, plus les projets avec lui sont élaborés, plus la perte est douloureuse. Nelly a fait une fausse couche à treize semaines, elle raconte : « Je le voyais déjà, c'était mon bébé, le mien. » Trois mois plus tard, elle dit :

> « Il me manque toujours quelque chose. Il y a eu un bébé en octobre chez des amis, je ne voulais pas le prendre dans mes bras. Dès que je vois un bébé, je fonds. »

L'échographie : des images difficiles à oublier

Même si l'image échographique n'est pas toujours d'une clarté évidente pour un œil non averti, le contour de l'œuf et surtout les palpitations cardiaques sont déjà pour les femmes « un bébé », « un enfant ».

Lors de ce premier examen, l'enfant devient une réalité que la femme découvre avec beaucoup d'émotion. Patricia garde un souvenir très concret de sa première échographie à neuf semaines de grossesse :

> « J'ai vu le bébé à l'échographie, son cœur battait. Il était déjà présent, j'ai même sa photo. Je me touchais le ventre, je faisais des projets de peinture, d'aménagements. »

Quand l'échographie n'existait pas, la présence de l'enfant n'était perçue que vers le quatrième mois, au moment des premiers mouvements ressentis par la mère. Aujourd'hui, l'échographie concrétise une perte qui autrefois pouvait rester du domaine de l'abstraction et même passer inaperçue. Laure a eu une aspiration très rapidement après une échographie précoce où elle n'a pas vu grand-chose. Elle compare ce qui vient de lui arriver avec sa fausse couche précédente :

> « Cette fois-ci, tout a été très rapide : je ne me suis rendu compte de rien. L'autre fausse couche, ce n'était pas pareil, j'ai mis longtemps à m'en remettre. J'avais bien vu le bébé à l'échographie. »

L'image visuelle a un impact très fort et laisse une empreinte longue à disparaître. Les femmes qui font une fausse couche après avoir vu l'embryon à l'échographie gardent le souvenir précis et douloureux d'une vie autonome, visualisée sur l'écran, et finalement perdue. Carole l'exprime ainsi :

> « J'aurais eu moins de mal après la fausse couche si je ne l'avais pas vu à l'échographie. C'est une image que je ne peux pas oublier. »

Lors d'une fausse couche tardive ou d'une mort fœtale in utero, d'autres échographies ont précisé encore les images du bébé à naître et contribué à renforcer les liens : il a été vu plusieurs fois et on connaît parfois son sexe.

Les bébés des autres

La vision d'une affiche de bébé dans la rue, d'une publicité pour des couches à la télévision, d'une poussette ou du ventre rebondi d'une femme enceinte provoque parfois une bouffée d'émotion ou, comme disent les femmes, « un retour en arrière », une « minirechute ».

Il y a aussi les réunions de famille où la sœur et la belle-sœur attendent un heureux événement. Danièle raconte, trois mois après la fausse couche :

> « Je suis encore fragile. Dans mon entourage, il y a beaucoup de bébés. Ma belle-sœur doit accoucher dans quelques semaines, un peu avant la date où j'aurais dû accoucher. Cela me fait quelque chose, en même temps je suis très contente pour elle. »

Paule dit encore :

> « J'ai vu au bureau le bébé d'une collègue, j'ai pleuré. »

Les femmes réagissent différemment, suivant leur caractère et l'intensité de leur déception. Certaines se disent indifférentes, d'autres s'attendrissent et se réjouissent avec les autres, d'autres enfin ont des réactions violentes et se sentent presque agressives.

Les rêves

Alors qu'elles ont l'impression d'aller mieux, quelques femmes continuent à faire des cauchemars ou des rêves en relation avec la fausse couche. Danièle dit, deux mois après :

« Je fais encore des cauchemars, je me réveille en pleurant. Après l'anesthésie générale, je me suis aussi réveillée en pleurant, sans savoir pourquoi. »

Elle s'étonne de cette tristesse puisqu'elle a le sentiment d'avoir retrouvé son tonus et son moral. Les évocations pénibles au cours du rêve sont pourtant la preuve qu'une souffrance est toujours présente.

Véronique fait toujours le même cauchemar :

« Pendant mon sommeil, je reçois, par erreur, un coup de poignard dans le ventre. Je vais à l'hôpital, on me soigne. »

Diane est traitée pour stérilité depuis plus de six ans. Deux mois après la fausse couche, elle raconte ce rêve :

« C'est toujours le même cauchemar. Je vois mes deux amies enceintes qui arrivent avec un ventre comme ça (elle fait le geste). Elles sont monstrueusement grosses. Elles m'agressent, enfin non, elles me narguent. Comme si c'était une provocation. »

Ce cauchemar qui revient est le signe que la fausse couche a provoqué un profond bouleversement. Pour certaines femmes, l'événement équivaut à un traumatisme psychique qu'elles ne peuvent surmonter.

Caroline, dont le bébé est mort in utero, évoque son cauchemar au moment du déclenchement de l'accouchement. Quelques mois après, elle dit :

> « Je n'arrive pas à me débarrasser de ce cauchemar où je vais aux toilettes et le bébé tombe par terre et je me réveille en criant. Je crois que je vais aller consulter un psy car je dors trop mal. Le soir, j'appréhende presque de me coucher, de peur de refaire ce même cauchemar. »

Tous les rêves rapportés par les femmes ne sont pas des cauchemars. Certains rêves sont, au contraire, très agréables et correspondent à la réalisation d'un désir. Celui de Paule, qui est traitée pour stérilité depuis plusieurs années, est exemplaire :

> « J'ai rêvé plusieurs fois que j'avais des triplés. C'était super, ils étaient surdoués, ils parlaient, ils savaient lire à trois mois ! »

Les dates qui rappellent le passé

Au fil du temps, il y a des dates qui rappellent le passé : celle où aurait dû commencer le congé de maternité, celle où le bébé aurait dû naître, la date anniversaire de la perte. La tristesse remonte alors à nouveau, parfois sans que la femme comprenne pourquoi :

> « Il y a deux semaines, raconte Giselle, je n'allais pas bien du tout : l'angoisse. J'avais la gorge serrée, j'étais très tendue, je ne dormais plus ; tout m'énervait, mon mari, mon fils. Au bureau non plus, ça n'allait pas. Je suis allée voir mon généraliste, qui m'a arrêtée pour une semaine et m'a donné des comprimés à base de plantes. »

Tout en parlant, Giselle réalise avec émotion que ces troubles se sont manifestés à la date où le bébé devait naître.

Si une grossesse débute à nouveau, elle est parfois ponctuée par ces dates marquantes. Ce sont des dates que les femmes auraient aimé oublier. Jacqueline raconte :

> « Comme par hasard, ma nouvelle grossesse a débuté à l'anniversaire de la fausse couche ! Les premières semaines ont été très, très dures. Pour moi c'était comme un mauvais présage. »

La plupart des femmes ont peur de la répétition et de telles coïncidences amplifient leurs craintes. Catherine a failli accoucher le jour anniversaire de la fausse couche. Elle explique :

> « À quelques jours près, j'aurais pu accoucher à la date de la fausse couche ; je n'aurais pas aimé. »

La superposition des deux dates est déplaisante et troublante. Jacqueline l'explique clairement :

> « Cela aurait été la vie et la mort en même temps. J'aurais eu un choc. »

Il est important pour les femmes que les deux événements soient séparés et que la conception ou la naissance de l'enfant suivant soit éloignées de la mort de celui qui l'a précédé.

L'importance des dates montre toute la difficulté qu'il y a à se détacher de la grossesse perdue. Véronique a perdu un bébé in utero à trente-deux semaines. Quatre ans après, alors qu'elle a eu un second enfant, elle dit :

> « J'ai toujours une pensée pour mon bébé à la date de sa naissance-mort. »

Avec le temps, d'autres dates, d'autres centres d'intérêt vont émerger. Ils n'effacent pas le passé, mais atténuent les émotions douloureuses qui y sont associées. Après la naissance de sa fille, Gabrielle dit :

> « La date exacte de la fausse couche, je crois que je l'ai oubliée... C'était en juillet, j'en suis sûre, mais il s'est passé tellement de choses depuis ! »

LE PASSÉ RAVIVÉ

Les sentiments associés à la fausse couche ou à la mort in utero ravivent souvent le souvenir malheureux d'un événement du passé. Il s'agit généralement d'une autre perte, de la mort d'un être cher, d'une fausse couche précédente, d'une IVG.

Catherine a une petite fille de deux ans et demi. Elle a eu un curetage à dix semaines, après un diagnostic de grossesse arrêtée à l'échographie. Elle raconte, une semaine après la fausse couche :

> « Je vis quelque chose que je n'ai jamais vécu. Je n'ai jamais été déprimée comme cette fois-ci. Pourtant, j'ai perdu mon père quand j'avais dix-sept ans. Cela n'a rien à voir, mais je ne sais pas pourquoi j'ai les deux événements dans la tête. J'ai été remuée pendant une semaine. J'étais là, à pleurer tout le temps, alors que, par exemple, à la mort de mon père, j'étais très nerveuse... mais je n'aurais pas pleuré pendant une semaine. »

Catherine est étonnée par l'intensité de sa tristesse, qui lui paraît démesurée. Mais au cours de son récit elle associe ses réactions à la perte de sa grossesse à celles qu'elle a eues lors de la mort de son père. Pour diverses raisons, elle n'a pas pu à l'époque pleurer la disparition de son père et accomplir le travail du deuil. Ce **deuil non résolu** resurgit au moment de la fausse couche.

Les problèmes d'infertilité, les **traitements contre la stérilité** sont évoqués lors d'une fausse couche et l'espoir déçu fait resurgir toutes les difficultés passées.

Diane est traitée depuis six ans :

« Après la plastie tubaire, on a parlé de fécondation in vitro. Elle est programmée pour dans un mois. J'ai très peur de l'enfant dans un tube, des contraintes ; de devenir un objet que l'on dose, que l'on pique. J'ai déjà tellement souffert physiquement, en plus de la tension émotionnelle. Cette grossesse, c'était ma seule chance. Maintenant que j'ai fait cette fausse couche, je ne maîtrise plus rien. »

Fabienne souhaitait une grossesse sans plus attendre :

« J'étais traitée depuis quatre ans pour salpingite et endométriose. Ma grossesse était très désirée. Je ne supportais plus la contraception. On a décidé de faire un bébé. J'ai arrêté la pilule en juin, en octobre j'ai fait un test de grossesse qui a été positif. J'étais en pleine forme, j'ai grossi normalement, tout allait bien. »

À cause de ses antécédents médicaux et des risques de stérilité qui y sont associés, elle avait besoin d'être rassurée sur sa fécondité. À propos de sa fausse couche elle dit :

« Cela nous a complètement démolis ; mon mari aussi est très, très triste. On ne sait plus du tout où on en est. »

Les **fausses couches antérieures** sont également remémorées lors d'une fausse couche.

De prime abord, les femmes qui font des avortements spontanés à répétition peuvent paraître résignées, blasées. Elles disent : « Je connais le topo », ou bien : « Aux premières gouttes de sang j'ai fait mon sac pour venir à l'hôpital : je savais que c'était ça. » Cette façon de banaliser et de maintenir les émotions à distance masque une profonde détresse comparable à celle des femmes qui souffrent d'infertilité. Laure a fait trois fausses couches, elle raconte :

> « Le plus dur, dans toute cette histoire, c'est la succession d'échecs. La première fausse couche, ça peut arriver à n'importe quelle femme, même la mieux réglée du monde. Mais la troisième... Déjà, à la deuxième, j'ai mis longtemps à m'en remettre. J'ai beaucoup changé, je n'ai plus le même tonus, je suis moins dynamique, plus triste. Il paraît que j'ai même changé de voix. Ils parlent de fécondation in vitro. Mais moi je suis possessive : je veux le faire toute seule, ce bébé. »

Avec l'accumulation des échecs, la détresse va crescendo. Thérèse vient de faire sa quatrième fausse couche. Elle dit :

> « Chaque fois que je saigne, je sais ce qui m'attend : échographie, hôpital, aspiration... C'est très dur. Notre vie est bouleversée. On ne peut faire aucun projet. Je suis enceinte sans problème, mais je ne les garde pas. Je n'ai pas le droit de faire de gym, de sport, pas de voyage. Je prends ma température chaque matin. J'ai arrêté de travailler, j'étais trop prise par mon métier. Je veux réussir ma grossesse, mettre toutes les chances de mon côté. »

Les souvenirs et les **sentiments associés à une IVG** resurgissent au moment de la perte et la rendent encore plus difficile à vivre. Pour Emmanuelle, l'enfant perdu lui rappelle celui qu'elle aurait eu si elle n'avait pas interrompu sa grossesse. Six ans après, elle se souvient :

« J'ai fait une IVG. Cela a été très dur moralement. Il aurait six ans ; c'était stupide. J'y pense beaucoup aujourd'hui, je regrette. »

Le souvenir de l'IVG est souvent intimement lié à des sentiments de culpabilité. Nadine dit :

« J'ai fait une IVG. Cela m'a marquée psychologiquement. Je n'aurais pas dû le faire. Pourtant, j'ai des amies qui l'ont fait aussi et qui ont des enfants. Je paie pour elles. »

Pour elle, tout se passe comme si la perte de cet enfant était le « prix à payer » pour cette ancienne IVG.

Béatrice a perdu son bébé in utero à trente-deux semaines, cette perte lui paraît d'autant plus insurmontable qu'elle ravive douloureusement son passé d'enfant née sous X et abandonnée à la naissance.

Après une ou plusieurs fausses couches, après une mort fœtale in utero, comme après toute épreuve douloureuse, il faut du temps pour que le calme revienne. Il est impossible d'éviter les gaffes de l'administration ou les maladresses de l'entourage. Des points de fragilité liés à l'histoire de chacune sont mis à nu et sensibilisés par la perte de la grossesse. Le malaise déborde alors largement l'événement. Tout comme pendant le travail du deuil, ces difficultés doivent être affrontées et éprouvées pour pouvoir être surmontées.

CHAPITRE 8

COMMENT FAIRE FACE

« Pour mon mari, c'est un accident. Il dit qu'il ne faut pas se décourager, qu'on va recommencer. Il m'aide beaucoup à la maison, il voit bien que je ne suis pas très en forme. »

Giselle.

Le rôle de l'entourage

Au premier plan : le conjoint

Il est très souvent présent ou rapidement prévenu dès les premiers symptômes. Il assiste parfois à la fausse couche, si elle a lieu à domicile. Il accompagne sa femme aux échographies, chez le médecin ou aux urgences à l'hôpital. Il est présent durant le travail de l'accouchement lors d'une mort fœtale in utero et parfois, lorsqu'il a demandé à le voir, c'est lui qui découvre en premier le corps de son enfant. C'est encore lui qui est sollicité pour faire les démarches administratives. Sa présence est un grand réconfort. Les femmes disent fréquemment : « Heureusement que mon mari était là ! » Il est important de pouvoir être deux pour entendre les mauvaises nouvelles et affronter ensemble les différentes épreuves.

Après l'intervention, c'est aussi lui qui aide le plus. Hélène raconte :

« Après le curetage, mon mari est resté avec moi toute la journée. Il a essayé de m'encourager. Il me disait : "Ce n'est rien ! Des enfants, on en fera une douzaine. Celui-là c'était un bandit, un mauvais garçon." »

Les encouragements ne sont pas toujours formulés, mais la présence et l'affection comptent tout autant. Virginie raconte :

« Mon mari est resté avec moi pendant trois jours après ma sortie de l'hôpital. Il s'est occupé de tout. Il a été tout à fait à la hauteur. Il a pris des jours de congé et on est allés passer une semaine dans sa famille. »

Le rôle du conjoint est donc essentiel. Il réconforte, disculpe et redonne confiance pour l'avenir. Il faut pour cela qu'il soit présent et en mesure de jouer ce rôle de soutien alors qu'il est lui même bouleversé par la perte. Tout comme sa femme, il peut ressentir de la culpabilité. Il peut se reprocher alors de n'avoir pas été assez présent auprès d'elle ou attentif à ses besoins. Lui aussi a pu connaître des moments d'ambivalence vis-à-vis de ce bébé, de la place qu'il occupait progressivement dans son couple et s'en sentir coupable.

Les réactions du conjoint lors de la perte du bébé à naître sont faites de tristesse et d'inquiétude. L'indifférence ou le soulagement sont des exceptions. Carole dit :

« Je sais que mon mari était très triste. Il ne voulait pas le montrer, mais il a pleuré en parlant à sa mère au téléphone. »

Il n'exprime pas toujours sa peine au grand jour, et son manque de réaction est quelquefois pris pour de l'indifférence. Mais cette réserve provient du fait que, dans nos schémas culturels, l'expression de la tristesse pour un homme est souvent considérée comme un signe de faiblesse. La plupart des femmes le savent. Elles disent : « Je sais qu'il est triste, je le connais, mais il ne le montre pas », ou bien : « Il est très malheureux, mais il est fort de caractère, il ne m'a rien montré. » C'est parfois vers l'entourage que le conjoint se tourne pour exprimer son chagrin ou sa déception :

« Je sais qu'il est très déçu parce qu'il en a parlé à nos amis. Mais à moi il ne m'a rien dit. Il m'a simplement assuré que ce n'était pas grave, qu'on recommencerait. » (Francine)

Un décalage peut se créer dans le couple. Le conjoint reprend plus vite son activité professionnelle, s'y investit pour tenter d'oublier son chagrin.

« Mon mari s'est mis à rentrer de plus en plus tard de son travail, il bossait deux fois plus qu'avant ; Il s'est remis à faire du sport de façon intensive ; nous n'avions plus le temps de nous parler, j'avais l'impression qu'il fuyait, qu'il me fuyait moi et ma déprime », raconte Coralie dont le premier bébé est mort in utero.

Dans quelques rares situations, la déception du conjoint est telle qu'il lui est impossible d'aider sa compagne. Liliane dit :

« Vous devriez aussi interroger les maris. Le mien est très perturbé par toute cette histoire ; il a tellement envie d'avoir un bébé. Il a des insomnies, il fait des crises d'angoisse. Quelquefois ce sont des vrais torrents de larmes qu'il n'arrive pas à contrôler. Il a peur de l'avenir. »

Peu après, le mari de Liliane est allé consulter une psychologue.

Le recours à un spécialiste est exceptionnel. La plupart du temps, c'est de l'entourage ou d'une personne aimée que vient le réconfort.

Virginie raconte :

« Mon mari a du mal à supporter le choc. Il a été plus démoralisé que moi. Quand on est dans la rue et qu'il voit un petit, il tourne la tête. J'attends les fêtes avec impatience, nous irons dans sa famille. J'aime beaucoup ma belle-mère, je m'entends très bien avec elle. Lui, il l'écoute, je sais qu'elle saura lui parler. »

Le soutien de la famille, des amis

C'est souvent une femme, soit du même âge, soit de la génération précédente, qui apporte un réconfort. Giselle est soutenue par sa belle-sœur :

« Elle me comprend, entre femmes, ce n'est pas pareil. Ma propre mère est triste mais elle dit que c'est moins grave que si j'avais été enceinte de six mois. Elle m'a fait remarquer : "La nature l'a voulu, ce n'est pas les transports ni le métro parce qu'à mon époque (elle a soixante-douze ans), quand on se retrouvait enceinte et qu'on ne le voulait pas, on avait beau sauter, aller à moto... quand il était accroché on n'y pouvait rien." Peut-être a-t-elle raison ? »

Catherine a trouvé un appui auprès de femmes qui ont eu la même expérience :

« J'ai rencontré beaucoup de femmes qui ont fait des fausses couches. J'ai réalisé que c'était banal et très fréquent. Les femmes qui ont vécu cela sont très compréhensives. Elles m'ont dit que c'était très triste, un grand choc moral. Les autres ne peuvent pas comprendre profondément ce qui s'est passé. »

Le soutien apporté par celles qui « savent ce que c'est » est très précieux. Laure regrette de ne pas avoir rencontré de femmes dans la même situation qu'elle :

> « J'aimerais bien discuter avec des femmes qui ont fait des fausses couches, qui l'ont vécu pour ressentir la même chose. On se sent vraiment seule à ce moment-là. Je n'en parle pas autour de moi. Quelquefois, on peut vous faire une réflexion. On a un manque d'information, pour mieux supporter les fausses couches. Dans tous les journaux féminins, on parle des causes mais pas de l'après, comment la femme a vécu ces moments-là. »

Dans d'autres pays, comme l'Angleterre ou les USA, il existe des « groupes de soutien » ou des associations de femmes qui ont pour mission d'apporter ce type d'aide. Leur fonctionnement prévoit des rencontres, des réunions et des séances d'information animées par des professionnels.

Le changement d'air, le repos et l'affection de l'entourage sont parfois une excellente thérapeutique. Véronique raconte :

> « Je suis allée huit jours aux sports d'hiver avec mon mari et des amis de mes parents. Je me suis laissé dorloter, gâter. Cela m'a fait un bien énorme. »

Le réconfort apporté par un enfant

Quelques femmes disent que leur enfant les a aidées à surmonter l'épreuve. Julie a un fils de trois ans, elle raconte :

> « Mon fils m'aide à m'en sortir. Pas question de se laisser aller ! C'est drôle d'ailleurs, on a l'impression qu'il a compris. C'est

> l'amour fou ! Il est plein d'attention. Heureusement que je l'ai, ça me permet d'oublier, il m'occupe. »

Souvent, pour consoler les femmes qui viennent de faire une fausse couche, le personnel de l'hôpital leur dit : « Mais vous en avez déjà un ! Pensez à lui, ça ira mieux ! » Les femmes qui arrivent à se raccrocher à cette idée en retirent du réconfort. Nelly dit :

> « Je me suis cramponnée à ça pendant mon séjour à l'hôpital. Quand je me sentais flancher, je pensais à ce que l'infirmière des urgences m'avait dit. »

Si ces paroles peuvent réconforter certaines femmes, lors d'une fausse couche précoce, elles peuvent être entendues comme une banalisation de l'événement, une négation de la perte du bébé à naître et être néfastes lors d'une fausse couche tardive ou d'une mort fœtale in utero.

> « L'infirmière m'a dit : "Il ne faut pas pleurer, vous en avez déjà deux en bonne santé", j'ai répondu : "Si on vous coupait un bras, vous diriez-vous 'ça va' puisqu'il m'en reste un ?" Moi, j'étais en train de perdre un troisième enfant autant désiré que ses grands frères », raconte Stéphanie dont le bébé est mort in utero à trente semaines.

Les contacts avec les soignants

Pour calmer leur désarroi, les femmes s'adressent rarement à un membre du corps médical. Pourtant, la consultation de contrôle après une fausse couche devrait permettre de parler de ce qui a été ressenti et des inquiétudes pour l'avenir.

Ce contact est aussi l'occasion d'obtenir des informations apaisantes. Lorsque, à la suite d'une discussion avec un médecin, les femmes s'entendent dire qu'elles n'ont aucune responsabilité, que leurs chances de mener à bien une nouvelle grossesse sont intactes, elles se sentent rassurées. En parlant de son gynécologue, Julie explique :

> « Il m'a rassurée, je peux recommencer une grossesse sans problème. L'œuf est anormal dans 90 % des cas. L'élimination naturelle, c'est une bonne chose pour la sécurité des parents. »

Après une mort fœtale in utero, lorsque les parents ont donné leur accord pour l'autopsie, une consultation est destinée à donner les résultats. Il est important d'expliquer, quand cela est possible, les causes du décès.

Ces explications médicales apaisent la douleur morale et aident à effacer peu à peu les sentiments de culpabilité et d'échec. Elles sont indispensables quel que soit le terme de l'accident car les femmes ont des idées inexactes non seulement sur les causes de leur fausse couche, mais parfois aussi sur ce qu'on leur a fait lors de l'intervention. Par exemple, Paule s'inquiète :

> « On m'a dit que, pendant l'aspiration, on enlevait tout. Qu'est-ce qu'ils m'ont enlevé ? On ne me l'a pas dit. »

Le bienfait de l'activité professionnelle

Pour reprendre les termes qu'elles emploient, les femmes doivent « se faire violence » et « se secouer » pour retourner travailler ; mais elles disent aussi que, grâce à leur activité professionnelle, elles retrouvent un « rythme », un « tonus ». Le milieu professionnel est, souvent, un lieu où elles entretiennent des relations d'amitié. Après une fausse couche, les collègues se mobilisent pour les réconforter, partager avec elles leur tristesse et confronter leurs expériences. Giselle raconte :

> « En en parlant au bureau, je me suis rendu compte que beaucoup d'autres femmes avaient fait des fausses couches. Elles ont été super, adorables. Cela m'a beaucoup aidée à retrouver le moral, surtout qu'après, en général, elles ont eu des enfants tout à fait normalement. »

Une majorité de femmes déclarent que leur activité professionnelle leur a permis de « se changer les idées », de « reprendre courage ». Cet aspect est important pour décider une reprise du travail ; on a l'impression que malgré la fatigue, d'un point de vue psychologique, le travail constitue une aide à la guérison (voir chapitre 5).

Après une mort fœtale in utero ou une fausse couche tardive, le partage de cette expérience rare semble plus difficile.

Le recours à une consultation spécialisée

Le médecin traitant consulté après la fausse couche ou la mort fœtale in utero peut prolonger un congé de maladie, prescrire des vitamines ou des fortifiants, le tout étant souvent bénéfique pour le moral. Exceptionnellement, il peut être amené à prescrire des médicaments contre l'anxiété ou des antidépresseurs.

Les femmes qui, à la suite d'une **fausse couche**, ont eu recours à une consultation chez un spécialiste « psy » sont peu nombreuses. Chaque histoire est différente, mais dans tous les cas on a l'impression que le seuil de tolérance a été dépassé, et que la souffrance est trop vive pour pouvoir être surmontée.

« C'est comme la goutte d'eau... Après six ans de traitement, six ans de larmes, six ans d'angoisse, c'est trop difficile, explique Diane. J'ai pris la décision d'aller voir quelqu'un [un psychiatre]. La fausse couche a réveillé une angoisse qui était latente. C'est un imbroglio et je ne sais plus où j'en suis. »

Elle évoque les relations difficiles avec sa mère, une IVG à dix-huit ans dans une atmosphère de drame familial, l'infection qui a suivi puis les traitements contre la stérilité, l'attente, l'espoir et maintenant l'effondrement.

La grossesse de Marie-Claude arrive au mauvais moment. Elle n'a pas d'enfant et découvre qu'elle est enceinte alors que son mari vient de la quitter. Après un moment de désarroi, elle accepte la grossesse qui la comble d'une certaine façon.

« Je suis tombée enceinte alors que je ne m'y attendais pas. Mon mari m'a quittée en juillet, j'ai su que j'étais enceinte en septembre. Cela tombait mal. Je n'avais pas le moral. Après, j'étais contente de la grossesse, j'étais débarrassée de mon mari. Il me rendait la vie impossible. J'étais prête à garder l'enfant, à assumer à cent pour cent. »

La perte successive de son mari et de cette grossesse est trop lourde pour Marie-Claude, et dans les mois qui suivent la fausse couche elle décide de consulter un psychiatre qui lui propose un traitement, puis une psychothérapie.

Dans les cas de **mort fœtale in utero**, de nombreux services de maternité proposent une consultation avec un psychologue. Certaines associations de parents touchés par un deuil périnatal organisent des groupes de paroles qui peuvent être un soutien important pour la famille.

Corinne a perdu son premier enfant in utero trois semaines avant le terme. Lors de la naissance de sa seconde fille, trois ans après, elle s'enfonce dans une dépression qui l'amène à consulter un psychologue. Elle explique :

> « J'avais dans les bras ce bébé tant attendu et je me sentais indifférente, je revoyais sans cesse mon premier bébé mort. Mon entourage ne comprenait pas, tout allait bien, pourquoi m'était-il impossible de faire le deuil de ce premier bébé ? J'ai fait une psychothérapie qui m'a permis de donner sa place à ma première fille et de devenir mère de ma seconde que j'adore. »

La consultation d'un psychologue ou d'un psychiatre est toujours nécessaire lorsque la fausse couche ou la mort fœtale in utero est suivie de difficultés psychologiques importantes et durables. Un état dépressif, des sentiments de culpabilité ou d'échec persistants, des bouffées d'angoisse, des cauchemars et des troubles du sommeil, un amaigrissement important sont des motifs évidents de consultation.

Dans la majorité des cas, une telle prise en charge n'est pas nécessaire. La période difficile cesse en général au bout de quelques mois et la plupart des femmes retrouvent leur tonus et leur moral. L'entourage (le conjoint, la famille, les ami(e)s) joue un rôle très important dans la « guérison ».

Les entretiens réalisés pour écrire ce livre ont parfois représenté une forme de soutien psychothérapique. La possibilité de parler à une psychologue a aidé plus d'une femme à surmonter l'épreuve. Jacqueline dit :

> « J'ai une amie qui a fait deux fausses couches et n'a pas rencontré quelqu'un à qui en parler sereinement. Quelqu'un qui, sans curiosité, soit juste "à l'écoute". Je lui ai fait remarquer que ça aide beaucoup à s'en sortir, ça libère. Ce que j'ai dit

pendant les entretiens, je n'aurais pas pu le dire à quelqu'un d'autre. Aux parents, aux amis on n'a pas envie d'en parler. On souffre beaucoup et on n'est pas compris. »

Pour ménager la sensibilité de la femme et éviter de raviver son émotion, l'entourage réagit parfois maladroitement. Il banalise ou nie l'événement et fait semblant d'ignorer le chagrin :

« Les gens me parlaient comme s'il ne s'était rien passé, dit Danièle. C'est important d'en parler. Avec des projets pour après, mais qu'on n'efface pas ce qui s'est passé. Cela m'a aidée à dédramatiser. Avec les proches ce n'était pas possible. »

Ces entretiens ont permis aux femmes d'exprimer ce qu'elles ne pouvaient dire à leur entourage trop malheureux ou angoissé pour les écouter. Quoique ponctuels, ils ont peut-être évité à quelques femmes d'éprouver par la suite des difficultés plus importantes. Il ne s'agit pas de dramatiser la situation ou de la « psychiatriser » mais simplement d'offrir aux femmes qui le désirent la possibilité d'être écoutées.

Laurence explique de façon imagée leur effet positif. À la fin, elle exprime un soulagement et dit en montrant le magnétophone :

« Voilà, tout est là-dedans maintenant. Vous l'emportez avec vous, je vais peut-être pouvoir passer à autre chose ! »

On conseille parfois aux femmes qui souffrent de **fausses couches à répétition** de consulter un psychiatre ou un psychologue, l'idée sous-jacente étant que les fausses couches répétitives ont peut-être une origine psychologique.

Christine a fait trois fausses couches successives, inexpliquées. Pour elle, cette succession a un sens qu'elle aimerait pouvoir décrypter et elle exprime le désir d'être aidée par une psychologue :

> « Est-ce qu'il n'y aurait pas un blocage ? Ma mère ne s'est jamais occupée de moi. Je ne lui ai jamais dit “Maman”. Elle n'aurait jamais voulu avoir d'enfant, surtout pas une fille ! Elle me le rabâchait. J'ai été marquée. C'est ma grand-mère qui m'a élevée. Il faudrait que je puisse analyser toute cette histoire. »

Christine est allée consulter une psychologue, qui lui a proposé une psychothérapie. Elle a accouché deux ans plus tard d'un petit garçon.

Il est clair qu'un soutien psychothérapique représente une aide pour les femmes qui font des avortements à répétition. D'après certains témoignages, la psychothérapie peut aider à « guérir » et à mener à terme une grossesse ; elle aide aussi parfois à renoncer au projet de grossesse.

Il faut savoir que la psychothérapie n'est pas un traitement au sens habituel du terme. On a parfois le sentiment qu'on envoie les femmes qui font des fausses couches à répétition chez le psychologue, en désespoir de cause, quand on a déjà tout essayé. « C'est dans la tête que ça se passe », leur dit-on. Ce n'est pas de cette façon qu'une psychothérapie doit être envisagée. Comme dans l'exemple de Christine, il faut qu'il y ait un désir d'entreprendre un travail personnel, des questions qui émergent, en lien avec des éléments du passé.

Il n'y a pas de recette. Chaque histoire est singulière. Le chemin paraît parfois très détourné et les mécanismes bien mystérieux ! Lucie, après sa troisième fausse couche, a décidé de travailler. Elle est devenue nourrice à domicile. En gardant les enfants des autres et, curieusement, un nourrisson né à la date à laquelle son enfant aurait dû naître, elle a ensuite mené une grossesse à terme. Elle raconte :

« Au début, j'ai refusé, je ne voulais pas le garder, je ne savais pas à qui il ressemblait... il aurait pu être le mien. J'avais besoin d'attendre un peu, de réfléchir et finalement j'ai accepté quand j'ai réalisé qu'il ressemblait bien à sa maman. Quatre mois après, j'ai su que j'étais enceinte. J'ai fait très attention ; le médecin m'a bien surveillée et, cette fois-là, ça a marché. »

Certains gynécologues peuvent, par la qualité de leur relation thérapeutique, accompagner les femmes vers la guérison. Il n'est pas rare que les femmes disent que c'est en changeant de médecin, en trouvant celui avec qui elles se sentent en affinité et en confiance, qu'elles sont arrivées à mener une grossesse à terme.

CHAPITRE 9

ESSAYER À NOUVEAU

« La question qui se pose à nous maintenant, c'est : est-ce qu'on refait un bébé tout de suite ou est-ce qu'on attend encore un peu ? La première fausse couche, ça va... Tout s'est à peu près bien passé, mais je ne suis pas sûre que j'en accepterai une deuxième. Le docteur a conseillé de laisser passer deux cycles. Deux cycles, c'est assez ou pas ? Quand vous faites une fausse couche, votre corps s'était préparé pour une grossesse, donc il a subi des tas de modifications. Je pense qu'il faut que tout rentre dans l'ordre. »

Julie.

LES FEMMES QUI DÉSIRENT UNE NOUVELLE GROSSESSE

Après la perte du bébé à naître, la plupart des femmes désirent être à nouveau enceintes. Claire dit :

« Dans trois mois, si tout va bien, on recommence une grossesse. Je veux être à nouveau enceinte, le plus vite possible ! »

La grossesse est attendue comme une consolation et une réparation. Catherine l'exprime nettement :

« Il faut absolument que je sois enceinte. Je veux recommencer, je ne veux pas rester sur un échec. »

Fabienne, qui a mal supporté d'avoir perdu le contrôle de la situation, revendique presque :

« J'ai horreur des “ratés”, je suis comme ça pour tout. Au boulot c'est pareil ! Dès que je serai en forme, nous allons démarrer une nouvelle grossesse. »

Sylvaine qui a perdu un bébé in utero à vingt-six semaines raconte :

« En sortant de la maternité, après avoir remercié mon gynécologue pour sa gentillesse, je lui ai dit : “L'année prochaine, vous m'accoucherez d'un beau bébé.” Notre petite fille est née onze mois plus tard. »

Les femmes qui hésitent ou renoncent

Le problème de l'âge

Parmi celles qui hésitent ou abandonnent le projet de grossesse, beaucoup approchent de la fin de leur vie féconde : aux alentours de quarante ans, à une période charnière, où il faut renoncer à la maternité et se dire : « Jamais plus. »

Pour Dominique, quarante-deux ans, la transition est difficile. En l'écoutant on a le sentiment que, mis à part ses quatre maternités réussies, elle n'a pas eu beaucoup de satisfactions dans la vie. Sa grossesse n'était pas prévue :

« J'étais sous pilule. Je me dis qu'il n'y a rien d'involontaire. Quand on oublie sa pilule, ce n'est pas anodin. Mais je n'aurais pas pu le décider. Ce n'était pas raisonnable ! Mon nouveau partenaire n'était pas pour et ma fille aînée a vingt et un ans. »

Huit mois plus tard, elle écrit :

« Je désire toujours être enceinte mais ce ne serait pas raisonnable vu mon âge : quarante-trois ans. »

Plus d'un an plus tard, elle annonce la grossesse de sa fille :

« Suivre la grossesse de ma fille est douloureux car cela me fait revivre ma dernière grossesse. Je n'arrive pas à me résoudre à accepter l'idée d'une stérilité définitive. »

Dominique accepte difficilement de vieillir et de renoncer à la maternité. La grossesse de sa fille, loin de la réjouir, réveille sa propre frustration et lui rappelle son dernier échec.

La complexité du désir d'enfant

On sait qu'il n'est pas toujours facile de décider une grossesse et, aux hésitations liées à l'âge, s'ajoutent les doutes inhérents à l'ambiguïté du désir d'enfant. Dans certaines situations, une fausse couche a valeur de signal : elle renforce le doute et confirme que la grossesse est impossible. Francine a trente-neuf ans, elle n'a pas d'enfant. Elle a toujours vécu seule, mais depuis peu elle vit avec un homme qui désire un enfant. Sa mère, qui la surprotège depuis toujours, lui répète qu'elle ne serait pas capable d'en élever un. Trois mois après la fausse couche, Francine raconte :

« Si cela se trouve, la fausse couche, c'est le signe qu'il ne faut pas que j'en aie un... Je trouverais ça très bien d'avoir un enfant, mais chaque fois que j'ai mes règles je suis contente.

Je me dis que j'ai encore gagné un mois de liberté. Je ne sais pas ce que je veux, dans le fond. Mon ami, lui, veut absolument un enfant. C'est certain que c'est intéressant, ça prolonge la vie, ça rajeunit. Moi, je vois tous les problèmes que ça poserait. »

L'échec de la grossesse de Francine atteste, en quelque sorte, les dires de sa mère. Entre le désir de son ami, l'interdiction de sa mère et le temps qui passe, il lui est difficile de s'y retrouver. Un peu plus loin, elle exprime clairement sa détresse :

« Quand j'aurai la certitude que c'est fini, que je n'aurai pas d'enfant, j'ai peur, là, d'avoir une grande déception. Si ma mère disparaît, j'aurai un très grand choc, ce sera la fin de quelque chose et pas le début d'une autre. Cela doit être atroce, ce manque de renouveau... J'aurai quarante ans bientôt, ce n'est pas la peine d'insister, après. »

La crainte d'un nouvel échec

Le déroulement d'une nouvelle grossesse est anticipé avec inquiétude par toutes les femmes. Gabrielle dit :

« Pour la prochaine grossesse, ce sera différent. Là, je n'avais rien modifié. Je ne pensais pas qu'une fausse couche était possible. La prochaine fois, je ferai plus attention, je serai plus inquiète aussi. »

Celles qui ont déjà derrière elles une longue série de fausses couches hésitent à envisager une autre grossesse et à prendre le risque de vivre un nouveau drame. C'est ce que Liliane exprime, un an après sa troisième fausse couche :

« J'ai envie et peur d'être enceinte. J'ai trente et un ans et pas d'enfant. Il me faudrait rester allongée pendant neuf mois, après un cerclage. Comme vous le voyez, il me reste de la crainte mêlée à beaucoup d'espoir. »

Diane qui essaie depuis six ans d'avoir un enfant dit aussi :

« Je veux attendre au moins un an. J'ai besoin de répit. Je n'ai pas envie de souffrir encore. Je suis en pleine interrogation. J'ai très envie d'avoir un enfant, j'en crève d'envie, mais si c'est pour subir un nouvel échec, c'est vraiment trop dur. »

Corinne qui a perdu son bébé in utero dit :

« Je sais maintenant qu'il ne s'agissait pas d'un problème génétique mais d'un défaut du placenta et qu'il n'y a presque pas de risque que ça recommence. J'ai quand même très peur d'une nouvelle grossesse. Je sais que je serai très surveillée. J'ai peur d'être très angoissée et que ce soit mauvais pour le bébé. »

QUAND RECOMMENCER UNE GROSSESSE ?

Le point de vue des médecins

Après une fausse couche précoce, la plupart des médecins conseillent d'attendre deux ou trois cycles avant d'essayer une nouvelle grossesse. Peu de femmes se sont vu conseiller de recommencer tout de suite.

Il n'a pas été prouvé d'un point de vue médical qu'un délai doive être respecté avant de recommencer une grossesse. Une grossesse qui débute dans le cycle suivant une fausse couche a autant de chances d'aller normalement à terme qu'une grossesse qui débute plusieurs cycles plus tard. L'utérus a repris sa forme et son fonctionnement physiologique normal.

Les conseils donnés après une fausse couche ou une mort fœtale in utero tiennent compte de l'âge de la femme, de son état général, de ses antécédents. Il arrive également que des analyses complémentaires ou un éventuel traitement diffèrent le moment où une autre grossesse peut être envisagée.

Les réactions psychologiques de chacune influencent également l'attitude médicale. Mais dans ce domaine le sens clinique des praticiens s'exprime de façon très différente. Face à une femme très déprimée, certains conseillent par exemple de recommencer très vite, pour « effacer et oublier tout » ; d'autres, à l'inverse, suggèrent (avec raison !) d'attendre que le moral soit meilleur pour entreprendre une nouvelle grossesse. La mort d'un enfant ne peut être effacée par une nouvelle grossesse.

Le point de vue des femmes

Après une **fausse couche précoce** rares sont les femmes qui sont prêtes à recommencer sans délai, et dans la majorité des cas la nouvelle grossesse n'est pas pour tout de suite. En moyenne, la durée d'attente idéale se situe pour elles aux environs de trois ou quatre mois. Les arguments pour attendre sont à la fois physiologiques et psychologiques.

Pour les femmes, il est nécessaire de laisser le corps se reposer. Tout se passe comme s'il avait été vidé d'une partie de son capital fertile. Patricia dit :

> « On ne recommencera pas avant trois, quatre mois. Il faut que l'utérus se retapisse, il faut qu'il y ait de quoi nourrir un œuf fécondé. »

L'idée d'avoir été abîmée vient à l'esprit de Virginie, dont c'est la deuxième fausse couche :

« Je ne veux pas recommencer avant cinq, six mois. Je ne me sens pas en forme du tout. Mon utérus a dû en prendre un coup. »

Christine aussi est inquiète :

« On voudrait une meilleure information sur les effets éventuels du curetage. Cela contribuerait à rassurer sur ses capacités à mener à bien une grossesse. »

Il est sans doute difficile d'oublier toutes les histoires anciennes d'avortements illégaux aux conséquences souvent dramatiques. Il n'y a pas si longtemps, les femmes risquaient d'avoir des problèmes graves à la suite de curetages effectués dans de mauvaises conditions. Consciemment ou non, ces souvenirs sont très vivaces et la crainte d'avoir été abîmée est souvent exprimée après un curetage ou une aspiration. Hélène dit :

« Il faut que je récupère, que je réfléchisse à cette grossesse que je n'avais pas préparée. Pour l'instant, je m'inquiète un peu, j'ai peur d'une infection. J'ai entendu dire qu'après une fausse couche on peut être stérile. J'ai peur qu'ils aient mal fait, que les médecins ne soient pas compétents. Je leur ai demandé quelles conséquences cela aurait sur ma fertilité. Ils m'ont dit que cela n'avait pas d'influence. »

Il faut savoir qu'aujourd'hui les techniques de l'aspiration et du curetage sont bien maîtrisées et qu'elles comportent peu de risques à court ou plus long terme.

Après une **fausse couche tardive** ou une **mort fœtale in utero**, le corps a subi les modifications liées à la grossesse et à l'accouchement. Les femmes disent avoir besoin de se retrouver aussi physiquement. Elles pressentent et redoutent la confusion possible entre les deux grossesses. Caroline a été enceinte deux mois après la mort in utero de son premier bébé. Elle observe :

> « Quand je me suis retrouvée enceinte, je n'avais perdu ni mon ventre, ni mes kilos. Je mettais toujours mes vêtements de grossesse. En fait, c'est comme si j'avais été enceinte 15 mois d'affilée. Tout s'est bien passé, mais, quand j'y repense, je ne crois pas que psychologiquement c'était l'idéal. »

Giselle explique :

> « Il faut que cela se passe. On va fêter Noël ensemble puis on va attendre le printemps. Je ne veux pas être enceinte tout de suite. Il faut laisser reposer les choses à l'intérieur et le psychisme aussi. Je vais demander son avis au médecin et je ne prendrai aucun risque. »

On comprend la réticence de Giselle. La détresse qui suit la perte du bébé à naître peut durer pendant plusieurs semaines, plusieurs mois. Or l'état de grossesse s'accommode mal de la tristesse ou de la dépression. Les femmes préoccupées par une perte ou un deuil ont des difficultés psychologiques pendant la grossesse car elles sont aux prises avec des tendances radicalement opposées et contradictoires. Les réactions au moment de la date anniversaire de la perte illustrent bien cette difficulté (voir chapitre 7).

La tristesse et les efforts pour se détacher de la grossesse perdue risquent de troubler la joie qu'apporte la nouvelle grossesse et de gêner l'éveil des sentiments maternels. La sagesse, avant d'entreprendre une nouvelle grossesse, est donc d'attendre que la période difficile soit passée. Elle est de durée variable, brève pour certaines, plus longue pour d'autres.

Pascale a été enceinte quatre mois après sa fausse couche. Elle raconte :

> « J'ai passé une grossesse beaucoup moins tranquille, psychologiquement, que pour mon fils aîné. Pour lui, c'était une grossesse tout à fait bien. Mais là j'étais beaucoup plus inquiète. »

Elle a été profondément choquée par la fausse couche, dont elle parle encore avec beaucoup d'émotion.

QUAND ARRIVE LA GROSSESSE SUIVANTE

La grande majorité des femmes nous ayant accordé ces entretiens et qui désiraient être à nouveau enceintes l'ont été et ont donné naissance à un enfant dans les deux ans qui ont suivi la fausse couche ou la mort fœtale in utero.

Un délai de quelques mois avant le début d'une nouvelle grossesse convient à la majorité des femmes. Gabrielle a été enceinte quatre mois après et observe :

> « C'est convenable comme délai pour se remettre physiquement et assez court pour ne pas déprimer. »

Pascale a été enceinte dans le même délai :

> « Quand physiquement on peut, je trouve que c'est un bon délai. Si on a été un peu déçue et choquée par la fausse couche et le curetage, ça aide à se remettre sur pied. C'est satisfaisant et consolant. »

Certaines femmes sont enceintes plus tôt que prévu. Tatiana a été rapidement enceinte, deux mois après la fausse couche. Son opinion :

> « C'était un peu court parce que j'étais fatiguée. Je n'ai pas eu le temps de me reposer. Mon mari devait partir en déplacement. On n'a pas fait très attention ! J'ai eu un arrêt de travail pour me reposer au début de la grossesse. »

À l'inverse, d'autres femmes mettent plus de temps, une attente plus ou moins bien tolérée. La grossesse de Rose a tardé à venir puisqu'elle a attendu quinze mois. Mais, contrairement à son mari, elle n'était pas très inquiète :

> « Chaque mois, j'espérais. C'était un peu long, mais je l'avais dans ma tête, je savais que ça marcherait. Il faut être patient. Mon mari était plus impatient. Cela l'a perturbé davantage. Moi, je suis optimiste. La gynécologue m'avait donné un traitement pour trois mois, qui n'a pas marché et que j'ai abandonné. Je suis tombée enceinte sans traitement. »

Rose semble avoir connu une hypofertilité passagère. Après une tentative de traitement infructueuse, elle a été à nouveau enceinte, spontanément.

Élisabeth a attendu neuf mois et s'est inquiétée davantage :

> « J'étais très préoccupée. Mes cycles ne revenaient pas bien. Je voulais être enceinte rapidement. J'avais peur de ne plus arriver à en faire, d'être "cassée" ! C'est curieux ! »

Certaines femmes ne retrouvent pas immédiatement une régularité dans leurs cycles. Ce phénomène est le plus souvent passager et, avec un peu de patience, les choses rentrent dans l'ordre. On sait bien que les émotions peuvent troubler le fonctionnement physiologique (voir annexe) et les femmes pensent parfois justement que le dérèglement de leurs cycles menstruels est d'origine affective. Cécile dit :

« J'étais "bloquée", j'ai eu mes règles de façon anarchique, avec des cycles très longs. J'avais à la fois très envie et très peur d'être enceinte. Le médecin m'a dit que je devais partir en vacances et me changer les idées. »

Dans des cas comme celui-ci, il faut pouvoir attendre, prendre son temps. Une nouvelle grossesse commencera le moment venu.

Le début de la grossesse peut être aussi différé pour des raisons médicales. Gaëlle a attendu à cause d'une infection qu'il fallait traiter. Thérèse a respecté les consignes du médecin. Elle a été enceinte dix mois après :

« J'avais un traitement par les anticorps de mon mari. Il ne fallait pas que je sois enceinte. J'ai été enceinte deux mois après la fin du traitement. »

Le déroulement de la grossesse suivante

Bien que très désirée, la grossesse suivante ne se passe généralement pas dans la sérénité. Les inquiétudes resurgissent à la moindre alerte.

« Pendant toute ma grossesse, se souvient Giselle, dès que j'avais mal au ventre, je pensais que j'allais faire une fausse couche. »

La peur de la répétition

Après l'expérience d'une grossesse perdue, l'inquiétude et la crainte d'un nouvel échec sont compréhensibles. Après une **fausse couche**, c'est au début de la grossesse qu'elles sont les plus intenses. Michelle a fait très attention dès qu'elle a appris qu'elle était enceinte :

> « Pendant les trois premiers mois, j'avoue avoir eu peur. J'ai été très vigilante : pas d'efforts violents, j'ai évité de faire de la voiture, de porter des paquets. J'avais peur que ça recommence. »

Catherine, elle aussi, s'attendait à refaire une fausse couche. Elle était tellement inquiète qu'elle a, comme elle dit, « somatisé ». Elle se souvient :

> « Les quatre premiers mois, j'ai vraiment eu du mal. Je n'allais pas bien du tout, j'avais des maux de tête terribles, des allergies. »

Pour Tatiana, l'inquiétude a été à son comble quand elle a eu des saignements au début de sa deuxième grossesse :

> « Quinze jours après le début de la grossesse, je me réveille un matin et je perdais un peu de sang. J'ai téléphoné au médecin. Elle m'a dit : "Couchez-vous, ne bougez pas, je vous envoie un arrêt de travail." Elle m'a aussi prescrit de la progestérone. Je suis restée quinze jours à me reposer. Je n'ai plus eu de pertes de sang. J'étais prête à le perdre, à faire une deuxième fausse couche. C'est à l'échographie, à six semaines, que j'ai été rassurée. On a vu un embryon qui allait bien puisque le cœur battait déjà. J'étais complètement rassurée. Après, j'ai repris mon travail et tout a bien été. »

La crainte de refaire une fausse couche est ressentie par la plupart des femmes. Cette appréhension disparaît ou s'atténue beaucoup après le dépassement du terme où a eu lieu l'accident.

Josiane a eu un début de grossesse d'autant plus difficile qu'elle a commencé exactement un an après celle qui s'est interrompue par la fausse couche :

> « Les trois premiers mois, j'avais l'angoisse de refaire une fausse couche. Tout s'est arrangé après la date de la fausse couche. J'ai eu une excellente grossesse. »

On comprend bien cette inquiétude. Pourtant, si l'on regarde les statistiques, elle n'est pas justifiée. Les chiffres montrent en effet qu'après une ou deux **fausses couches**, les chances d'avoir une grossesse normale se situent aux environs de 70 %, 75 % (ce qui est très proche des chances de succès d'une grossesse sans passé de fausse couche). Après trois et quatre fausses couches, environ 60 % des femmes ont une grossesse normale. Ces chiffres, qui sont des estimations moyennes sur l'ensemble des femmes ayant fait une fausse couche, peuvent varier selon les cas. On sait, par exemple, que les chances d'avoir une grossesse normale après une fausse couche augmentent si l'on a déjà un enfant.

Le taux de récidive d'une **mort fœtale** lors de la grossesse suivante est encore beaucoup plus petit, soit environ 3/1 000. Pourtant, cette grossesse est toujours une période de fragilité psychique. La peur de la répétition se manifeste par ce que certains auteurs ont appelé « névrose traumatique post-obstétricale » pour décrire des bouffées d'angoisse et des cauchemars faisant revivre l'accident. Ils ont également souligné combien des paroles banalisantes comme « Vous en ferez un autre » pouvaient être entendues par ces femmes comme une promesse de répétition de l'accident. L'angoisse débute parfois dès le début de la grossesse. La seconde grossesse de Nicole vient après une mort in utero à vingt-neuf semaines. Elle raconte :

« Dès que j'ai su que j'étais enceinte, j'ai commencé à imaginer que ça pouvait recommencer, je faisais à nouveau des cauchemars. Je n'ai pas pu me laisser aller à ma joie comme la première fois. »

Souvent, l'angoisse est à son comble au moment de la grossesse où l'enfant précédent est décédé. Elle ne disparaît pourtant pas passé ce cap car l'accouchement reste la dernière étape redoutée. Les femmes disent souvent : « tant que je ne l'aurai pas dans les bras... ».

La prudence et la réserve

De peur de vivre une nouvelle fausse couche, les femmes évitent d'être optimistes au début et de s'attacher à la grossesse. Pour atténuer la souffrance au cas où elle aurait lieu, elles se préparent à une nouvelle fausse couche. Catherine dit :

« Comme, la première fois, je ne m'étais pas rendu compte de la fausse couche puisqu'on l'avait vue à l'échographie, pendant quatre mois je me suis demandé : “Est-ce que je suis bien enceinte ?” Tant que je ne l'ai pas senti bouger, je ne le croyais pas vraiment. J'aurais fait une fausse couche, je n'aurais pas été étonnée. »

Et Rose :

« Jusqu'à deux mois et demi, j'étais prudente. Je n'espérais pas trop. De peur d'être déçue, je mettais des paravents, des garde-fous. On ne l'a pas dit aux parents non plus. »

Ces attitudes sont assez fréquentes et ont pour but de se protéger en cas de nouvelle perte. Elles cessent le plus souvent une fois dépassé le terme auquel la fausse couche précédente a eu lieu ou lorsque les mouvements du bébé sont ressentis. Thérèse, qui a eu quatre fausses couches précoces, explique après la naissance de Stéphanie :

> « Quand elle a bougé, je me suis dit : “Ça marche, elle est vivante !” »

Même sans avoir eu une fausse couche auparavant, les femmes ont parfois cette retenue : on n'annonce pas la grossesse trop tôt, on ne prépare pas les affaires du bébé à l'avance. Comme si trop de confiance et de certitude pouvaient porter malheur. Il y a quelque chose de magique et de probablement très ancien dans cette attitude. Elle nous reste de l'époque où les chances de succès d'une grossesse étaient très faibles et où les enfants, s'ils naissaient vivants, mouraient en très bas âge.

Lorsque la perte du bébé précédent a eu lieu à un terme avancé, sentir à nouveau les mouvements dans son ventre peut faire ressurgir des angoisses entraînant une certaine confusion entre les deux grossesses.

Les femmes épient chaque mouvement fœtal. Nathalie est enceinte après avoir perdu in utero un bébé de cinq mois et demi. Elle raconte :

> « Quand je l'ai senti bouger c'était à la fois un grand bonheur et une grande tristesse en pensant au premier. C'était très important pour moi de savoir le sexe ; comme le second est une fille, cela me permet de bien les différencier. Je reste très à l'écoute de mon ventre et parfois j'ai de grands moments d'angoisse quand je ne le sens pas bouger. Je bouge alors mon ventre assez fortement avec mes mains, je dois la réveiller et je m'en veux. J'ai peur de lui communiquer mon stress. »

La peur des anomalies

Pour expliquer une **fausse couche**, les médecins disent que l'embryon était « mal fichu » ou qu'il avait des anomalies chromosomiques. On comprend bien alors qu'à la grossesse suivante, certaines femmes aient la hantise de porter un enfant anormal.

> « Je n'avais plus confiance, admet Juliette, j'avais très peur d'avoir un enfant anormal. Je voulais une amniocentèse. On me l'a refusée parce que je n'ai que trente-quatre ans. »
> « J'ai beaucoup pensé que j'allais avoir un enfant anormal ; on me l'aurait dit à l'échographie, cela ne m'aurait pas étonnée », note de son côté Cécile.

Thérèse ajoute :

> « Jusqu'à la fin, j'ai eu peur d'avoir un enfant anormal. Ma belle-sœur a eu une petite fille mongolienne. J'ai été inquiète jusqu'à l'accouchement, jusqu'à ce que je la voie. »

Les femmes qui ont des enfants savent bien qu'à des degrés divers, l'inquiétude d'avoir un enfant anormal fait partie de la grossesse et qu'il y a dans toute grossesse une part de mystère et d'incertitude qui n'est levée qu'au moment de la naissance. Mais, après une fausse couche ou une mort fœtale in utero, l'imprévisible et les peurs normales de la grossesse sont certainement plus difficiles à supporter.

Là aussi se manifeste un décalage entre les émotions des femmes, les connaissances médicales et les pratiques qui en découlent. La crainte d'avoir un enfant anormal n'est le plus souvent pas justifiée d'un point de vue médical. On sait par exemple que les anomalies chromosomiques sont accidentelles, que celles qui risquent de se répéter sont très rares, et qu'elles sont repérables au moyen de l'examen du caryotype des parents. Aucune étude n'a montré que le risque d'anomalies chromosomiques à la naissance était augmenté après une fausse couche précoce. Un passé de fausse couche n'est donc pas, à lui seul, une raison suffisante pour faire pratiquer une amniocentèse (qui de toute façon ne détecte que certaines anomalies).

Pour quelques femmes, le fait d'avoir eu une fausse couche n'a pas que des conséquences négatives sur la grossesse suivante. Passé les premiers mois d'inquiétude, elles savourent tout particulièrement le bonheur d'être enceintes. Tatiana explique :

> « J'étais plus consciente de la chance que j'avais. Je n'étais pas enceinte juste “comme ça” ! Je me disais : “Il faut que je fasse tout pour que cela aille bien.” La fausse couche m'a fait comprendre la valeur des choses. »

Le suivi médical de la grossesse

Après une fausse couche précoce

En cas de nouvelle grossesse, il est conseillé de consulter rapidement un médecin. Cette consultation est essentielle à la fois d'un point de vue médical et psychologique. Michelle se rappelle :

> « La gynécologue m'a dit de venir la voir rapidement, dès que je serais enceinte, et qu'on ferait faire une échographie. »

Pour s'assurer que cette grossesse-ci démarre bien, le médecin fait généralement pratiquer des échographies : une à cinq ou six semaines et une autre trois semaines plus tard pour voir si l'embryon se développe normalement. Ces examens et les consultations rapprochées qu'ils nécessitent ont pour but de vérifier que tout va bien, de se rassurer et de franchir le cap difficile de la date du terme de la fausse couche.

Il n'est pas justifié de prendre des précautions particulières comme un traitement ou du repos. Mais, comme pour n'importe quelle grossesse, il est préférable d'éviter des efforts violents. La grossesse évolue le plus souvent tout à fait normalement.

Après des fausses couches précoces à répétition

Si une cause immunologique a pu être décelée, un traitement peut être commencé très tôt, dès le début de la grossesse. On prescrit des corticoïdes pour lutter contre la formation de facteurs de destruction embryonnaire et des médicaments anticoagulants tels que l'aspirine et l'héparine. On donne souvent en plus un traitement hormonal. Il s'agit de la progestérone naturelle et d'une ou plusieurs injections d'hormone gonadotrophine chorionique (HCG). Ces traitements sont récents et semblent donner des résultats encourageants. Des études sont nécessaires pour confirmer leur efficacité.

Les fausses couches à répétition sans cause apparente n'ont pas de traitement. On surveille normalement le début de la grossesse.

Après une fausse couche tardive

Si une béance du col a été découverte à l'hystérographie, ou si la femme a été exposée au Distilbène in utero, on peut effectuer un cerclage du col au cours du troisième mois de la grossesse, après s'être assuré de la réalité de cette béance pendant la grossesse. Une échographie est faite juste avant pour prouver que tout va bien par ailleurs et que l'embryon évolue normalement.

Les femmes présentant une malformation utérine inopérable, un fibrome qui n'a pas été enlevé, et celles qui ont une grossesse multiple sont rapidement mises au repos. On prescrit éventuellement des antispasmodiques et de la progestérone naturelle qui reposent le muscle utérin et l'empêchent de se contracter. Ces traitements ont pour but de diminuer le risque de fausse couche tardive et d'accouchement prématuré.

Après une mort fœtale in utero

Si la cause est accidentelle, aucune surveillance particulière n'est requise.

Si aucune cause n'a été trouvée, la surveillance est plus attentive que pour une grossesse normale malgré un risque de récidive très faible : échographies tous les dix à quinze jours avec évaluation doppler, mesure de la quantité de liquide amniotique, surveillance des mouvements actifs, rythme cardiaque fœtal. En cas de cause ayant un risque de récidive, la surveillance est orientée en fonction de la pathologie ayant provoqué la mort du fœtus :

• S'il s'agit d'une affection maternelle chronique un traitement est entrepris avant la conception (HTA, diabète, autre maladie métabolique...) :

– un diabète gestationnel est diagnostiqué par la glycémie double faite entre la vingt-quatrième et la trentième semaine et pris en charge par un diabétologue pour l'instauration d'un régime et d'une éventuelle insulinothérapie (comme pour le diabète déjà connu) ;

– la femme hypertendue ou avec une insuffisance rénale doit être suivie conjointement par un néphrologue pour prévenir la pré-éclampsie (recherche des œdèmes, surveillance de la protéinurie des vingt-quatre heures de l'uricémie, de la créatininémie).

• Si le fœtus fait l'objet d'une surveillance particulière :

– en cas de retard de croissance, on propose un traitement par petites doses d'aspirine dès douze semaines ;

– on surveille le dépassement du terme grâce à l'échographie de douze semaines qui donne l'âge de l'embryon avec précision ;

– il est parfois nécessaire de provoquer l'accouchement prématurément en cas d'aggravation de la maladie maternelle, de retard de croissance du fœtus, ou de terme dépassé.

L'opinion des femmes sur la surveillance médicale de la grossesse suivante

Dans la très grande majorité des cas, la grossesse qui suit une **fausse couche** ne fait pas l'objet d'une surveillance médicale particulière. Michelle confirme :

> « Au niveau de la surveillance médicale, c'était une grossesse tout à fait normale. J'ai eu une visite par mois avec la sage-femme et trois échographies. J'aurais aimé en avoir davantage, mais elle m'a dit qu'on ne faisait pas des échographies comme ça, juste pour le plaisir ! »

Carole a eu la même impression :

> « Ils ont vu dans mon dossier que j'avais fait une fausse couche, mais cela s'est arrêté là. »

Cette attitude n'est pas toujours bien comprise. Les femmes sont inquiètes et s'attendent souvent à une surveillance accrue. Rien ne la justifie sur le plan médical car on sait que la plupart du temps la grossesse suivante n'est pas une grossesse à risque.

Les médecins donnent souvent l'impression aux femmes de banaliser cette grossesse, alors que l'on sait bien à quel point elle est particulière à leurs yeux. Catherine se souvient :

> « En surveillance prénatale, j'étais très inquiète et j'avais l'impression qu'ils s'en fichaient royalement. J'ai dit que j'avais fait une fausse couche. On m'a répondu de ne pas m'en soucier et qu'on ne faisait pas des fausses couches aussi souvent que ça... J'essayais de m'en convaincre, mais je n'y arrivais pas toute seule ! Finalement, c'est mon mari qui m'a aidée le plus. »

Les femmes réclament d'être rassurées et que leurs inquiétudes vis-à-vis de la nouvelle grossesse soient prises en compte. Certains médecins répondent à cette demande. Comme pour Jacqueline :

> « J'avais l'angoisse, au début, de refaire une fausse couche. Après j'ai eu bon moral. Les discussions avec mon médecin m'ont permis de me sentir en sécurité quant au déroulement de ma grossesse. J'ai senti qu'il a tenu compte de mon histoire de fausse couche et j'ai aussi bénéficié d'un suivi précis et sérieux. »

Les médecins sont souvent bien plus attentifs à la grossesse suivant une **mort fœtale in utero**. Tout comme après une fausse couche, l'inquiétude ne doit pas être banalisée mais entendue et comprise. Une étude a montré que l'anxiété n'était pas suffisamment prise en compte et que toute parole maladroite pouvait la réactiver.

> « Quand à l'échographie le médecin m'a dit : "Il est petit, ce bébé", j'ai senti une peur panique monter en moi, c'était évident, ça allait recommencer, mon bébé ne pourrait pas vivre »,

raconte Joëlle dont le premier bébé est mort in utero à vingt-huit semaines.

Plus que jamais la cohérence de l'équipe est importante pour rassurer et accompagner les femmes tout au long de la grossesse. Les conditions de la mort précédente, la manière dont les soignants ont accompagné la femme durant cette épreuve sont des éléments importants à prendre en compte pour qu'une relation de confiance puisse s'instaurer.

Une surveillance médicale de qualité concilie tous les aspects, techniques et psychologiques. Si ce n'est pas le cas, pourquoi ne pas changer de médecin ou d'hôpital ?

La naissance

Sur le plan médical, rien ne distingue un accouchement suivant une perte fœtale d'un autre accouchement. Toutes les femmes rencontrées et qui ont été à nouveau enceintes ont donné naissance à un enfant vivant.

La façon dont l'accouchement a été vécu est évidemment très différente d'une femme à l'autre. Après la détresse provoquée par la perte précédente, les femmes semblent apprécier tout particulièrement les joies de la naissance, même si l'accouchement a été difficile. Virginie s'émerveille :

> « Tout est bien qui finit bien ! Pourtant, j'ai eu du mal pour l'accouchement : j'avais une sciatique et très mal au dos. Cela a été très long et très douloureux, mais quand j'ai vu ma fille j'ai tout oublié ; c'était une belle petite fille de trois kilos cinq. »

Il n'est pas rare qu'à propos de l'accouchement il soit à nouveau question de la fausse couche. Dans certains cas l'accouchement permet de réparer le vécu douloureux et dramatique de la fausse couche. Tatiana concède :

> « J'avais très peur de l'accouchement. J'avais eu tellement mal pendant la fausse couche ! En fait j'ai beaucoup moins souffert que ce que je croyais. »

Danièle avait fait une fausse couche tardive. À propos de l'accouchement suivant, elle raconte :

> « Il fallait absolument que les choses se passent différemment. J'ai demandé qu'on ne me fasse aucune anesthésie, je voulais tout voir, tout ressentir. J'étais très calme, très claire. Je savais où j'allais. L'accouchement pour la fausse couche avait été tellement terrible. C'était lié à la mort, donc il fallait faire autre chose et que cela se passe bien. Ils ont été adorables. Cela s'est merveilleusement passé. »

Danièle a fait en sorte que les deux accouchements soient bien distincts. Il est en effet important que les deux événements ne soient pas associés et que les souvenirs de la fausse couche ne troublent pas le bonheur de la naissance suivante. Le fait de sentir l'enfant naître, alors qu'elle était endormie pour la fin de la fausse couche, lui a aussi permis de se réconcilier avec son propre corps.

À la fin de la grossesse suivant une mort fœtale in utero, les femmes se disent pressées d'arriver à terme tout en redoutant l'accouchement.

Suite à un hématome rétro-placentaire qui a également mis sa vie en danger, Christine a perdu in utero un bébé à trois semaines du terme. Elle raconte que, peu de temps avant son second accouchement, elle a été prise d'une véritable crise de panique :

« J'étais certaine que j'allais mourir avec le bébé, j'ai même dit au médecin que je ne voulais pas accoucher ! »

LA PLACE DE L'ENFANT SUIVANT

Des études ont montré que, lorsque la grossesse démarre trop tôt après la mort d'un enfant à la naissance ou dans les jours qui suivent la naissance, il y a un risque de confusion. Non seulement pendant la grossesse mais aussi après la naissance, la mère vit dans l'angoisse que l'enfant suivant ne disparaisse à son tour. Cette appréhension se traduit par l'impression d'avoir un enfant menacé ou particulièrement fragile. Elle peut induire des attitudes de surprotection. Pour l'enfant la situation est très lourde à supporter. Il est l'« enfant de remplacement ». Cette appellation a été donnée par les psychiatres pour qualifier l'enfant conçu pour colmater la perte d'un autre. L'enfant de remplacement a souvent des problèmes d'identité et le sentiment de n'être pas aimé pour lui-même. Il éprouve des difficultés à vivre car, pour se conformer au modèle idéalisé par ses parents, celui de l'enfant mort, il lui faudrait disparaître à son tour.

L'enfant suivant une fausse couche tardive ou une mort fœtale in utero peut-il être un « enfant de remplacement » ? Même s'il n'a pas eu la possibilité d'exister ou de laisser des souvenirs, on sait bien que des liens d'amour se tissent très tôt dans la grossesse, que les projets des parents s'élaborent bien avant la fin du neuvième mois, et que, psychologiquement, certaines fausses couches tardives et morts fœtales in utero sont comparables à la naissance d'un enfant mort-né.

Ainsi, surtout s'il vient avant que la perte de l'enfant précédent ait été surmontée, le regard porté sur lui à la naissance risque d'être troublé par la nostalgie. Christine confie :

> « Quand je vois celui-là, je me dis qu'il y en a un comme lui qui n'a pas eu la chance de vivre. »

La fierté de Carole est modérée par le souvenir de l'enfant qui n'est pas né :

> « Je ne peux pas m'arrêter de l'admirer ! Je me dis aussi qu'il y en a un qui a été perdu... et que, si j'avais eu le premier, je n'aurais pas eu celui-là. »

Isabelle a perdu son bébé et a failli mourir elle-même à la suite d'un hématome rétro-placentaire. Elle raconte la naissance de sa seconde fille :

> « Quelques jours après l'accouchement, je n'arrêtais pas de pleurer, mon premier bébé me manquait terriblement, alors que j'avais le second bien vivant dans les bras. Je ne savais plus ou j'en étais. Je me demandais si j'aimerais celle-ci et cela me culpabilisait énormément. »

Les conséquences et la durée de ce type de réactions sont probablement très variables selon les situations et les tempéraments. Dans de rares cas de dépression majeure, l'attachement à l'enfant peut se faire difficilement. Le plus souvent, le lien se crée peu à peu et l'expérience montre combien l'enfant contribue lui même à effacer cette nostalgie du bébé précédent. Les paroles de Céline, dix ans, nous ont été rapportées :

> « Heureusement que tu as fait une fausse couche, a-t-elle dit un jour à sa maman, sinon je ne serais pas là ! »

CHAPITRE 10

QUELQUE TEMPS APRÈS...

Repenser à l'événement plus sereinement

Après la fausse couche, la douleur s'estompe avec les mois et les années, chez la plupart des femmes. Virginie écrit :

« Cet événement fait partie des souvenirs, comme tant d'autres ! »

Tatiana explique :

« La fausse couche, j'y pense encore mais comme à une grippe. Je n'y pense plus avec angoisse. Je ne pense pas à l'enfant : il n'était pas fait. Dès que j'ai été enceinte de nouveau, c'était fini. »

Lorsque la fausse couche était précoce, elle reste un souvenir déplaisant mais qui, comme le dit Virginie, peut être évoqué sans trop d'émotion et sans angoisse. Josiane a également retrouvé sa sérénité, elle est même en mesure d'aider une femme qui vient de faire une fausse couche.

« Je pense parfois à la mienne quand je vois un enfant qui a un âge correspondant, écrit-elle un an plus tard, mais cela ne me fait plus souffrir comme avant. J'ai rencontré depuis une femme qui a fait une fausse couche et connaît les difficultés morales que j'ai connues. J'essaie de l'aider ! »

Lorsque la fausse couche est survenue tardivement ou après une mort fœtale in utero, le travail de deuil varie selon chacune. Peu à peu, l'enfant décédé trouve sa place dans l'histoire familiale. Deux ans après la perte de son bébé à trente semaines, Valérie raconte :

« J'ai traversé une période de déprime, je n'avais plus goût à rien mais j'ai eu la chance d'être très entourée par ma famille et nos amis. J'ai pu dire ma peine, parler de ce bébé à mes proches qui ont compris que j'avais ainsi besoin de le faire exister. Peu à peu, le désir d'une nouvelle grossesse est venu. Elle n'a pas été facile à vivre, j'ai connu des grands moments d'angoisse mais tout s'est bien passé et je suis maman d'une belle petite fille qui m'a rendu ma joie même si le premier enfant n'est pas oublié ».

Les sentiments de culpabilité, si fréquents, disparaissent peu à peu. Lorsque la fausse couche a eu lieu précocement, elle devient alors un événement physiologique, banal et même souhaitable. Raphaëlle reconnaît :

« Finalement, je me dis que, si j'ai fait une fausse couche, c'est qu'il y avait quelque chose, un problème. Il valait mieux que cela se passe comme ça. Maintenant, je le pense profondément. »

Marie-Claude se sent mieux également. L'idée que la fausse couche était due à l'IVG qu'elle avait subie peu de temps avant s'atténue avec l'aide de ses médecins :

« Depuis quelques mois, grâce à la psychothérapie et à ma gynécologue, je pense que ma fausse couche est due à un mauvais état général à l'époque et qu'elle n'est pas une juste punition de l'IVG, idée qui m'obsédait malgré tous les raisonnements logiques auxquels je m'évertuais. »

Julie se réjouit en regardant son fils :

« Je me dis que nous avons eu de la chance, finalement : nous avons eu ce beau bébé, et l'autre qui était anormal a été éliminé naturellement. »

Lorsque l'enfant est mort in utero ou que la fausse couche a eu lieu tardivement, la douleur s'estompe, mais la naissance suivante n'efface pas la nostalgie de ce bébé perdu.

Nathalie dont le bébé est mort in utero raconte que sa fille de neuf ans lui a dit un jour :

« Tu étais fâchée de voir une fille arriver alors que tu avais perdu un garçon ? »

Nathalie rassure sa fille sur l'amour qu'elle lui porte, mais ajoute dans son témoignage :

« La vérité, c'est que j'aime ma fille, que je ne voudrais pour rien au monde qu'elle ne soit pas née, mais que j'aurais bien voulu que l'autre petit naisse aussi. »

Lorsque l'échec succède à l'échec

Après une fausse couche un petit nombre de femmes désirent toujours un enfant et malgré les traitements, parfois les interventions chirurgicales, ne parviennent pas à être enceintes ou à mener une grossesse à terme. La souffrance liée à la stérilité, le parcours long et douloureux des traitements sont tels que dans ce contexte la fausse couche devient un échec parmi beaucoup d'autres.

« Les traitements contre la stérilité, les échecs, les tentatives de fécondation in vitro, tout cela fait que finalement la fausse couche n'est qu'une péripétie dans un parcours compliqué et difficile », résume Diane.

Parfois, les femmes n'ont pas de difficultés pour être enceintes mais chaque nouvelle grossesse est interrompue par une fausse couche. Cette alternance de périodes d'espoir et d'effondrement les met à rude épreuve. Comme le dit Sylviane :

« Il faut avoir les épaules solides, c'est pire que la douche écossaise. Je ne sais pas si j'ai encore envie d'essayer. Mon mari et moi allons bientôt craquer. Le couple aussi en prend un coup. »

Elle attend les résultats d'une hystéroscopie récente, puis décidera avec son médecin et son conjoint de la marche à suivre.

Il peut paraître difficile et douloureux d'abandonner les traitements et de renoncer au projet de grossesse. Pour certaines femmes, cependant, un jour ou l'autre la décision devient une évidence. Pour des raisons physiques et psychologiques il leur devient impossible de poursuivre ce qu'elles vivent comme un « parcours du combattant ». Certaines envisagent l'adoption. Cette démarche s'accompagne d'un certain apaisement et d'une diminution de la souffrance. Ainsi Nadine espère :

« J'ai un oncle aux Antilles qui a trois enfants, mais il ne peut pas s'en occuper. Sa femme est morte et les services sociaux veulent reprendre les enfants. Moi, je veux bien en prendre un. Je pense aux enfants malheureux... J'aimerais pouvoir en avoir un chez moi. Je ne sais pas s'il sera d'accord. On va là-bas pendant les vacances. On verra. »

Paule s'est procuré les formulaires administratifs :

« On a rempli une demande d'adoption, mais on ne l'a toujours pas envoyée. Je pense qu'on le fera : il y a tellement d'enfants qui attendent ! Une vie stérile, c'est une vie sans enfant. Mais il n'est pas indispensable d'en porter un soi-même. Je pense que ce serait bien d'en adopter un. »

Une épreuve dont on tire aussi des leçons

Avec le recul, comme il arrive parfois après une crise ou une épreuve, quelques femmes tirent des leçons de leur expérience.

Parfois la fausse couche est une étape qui a permis une prise de conscience. Certaines, par exemple, réalisent que la grossesse ne correspondait pas au désir d'un enfant réel mais qu'elle avait pour fonction de les rassurer sur le fonctionnement de leur corps.

Patricia a quarante-trois ans et conclut :

« Cette grossesse était inespérée. Mes deux grands enfants sont partis en septembre. J'étais très heureuse et un peu inquiète d'être enceinte. Je ne suis plus toute jeune ! Je me suis dit : “Le corps fonctionne encore.” C'était une vraie cure de jouvence ! »

Elle ajoute :

« Mais je ne pense pas recommencer ; à mon âge, ce n'est plus raisonnable. »

La fausse couche a parfois été une étape douloureuse mais nécessaire vers la fin de la période de fécondité.

Évelyne a trente-huit ans et trois grands enfants. La fausse couche lui a permis de réaliser qu'elle ne désirait plus réellement un enfant. Elle a été aidée par la génération suivante en la personne de sa fille aînée qui prend la relève en lui parlant de ses futurs petits-enfants. Deux mois après la fausse couche, elle a fait le point :

> « Celui-là n'était pas vraiment prévu. Je ne recommencerai pas. Je ne prendrai pas le risque de revivre ce que j'ai vécu. Je suis tout à fait prête à être grand-mère : ma fille, elle en veut dix ! »

Huit mois plus tard elle écrit :

> « Je ne souhaite plus être enceinte, à cause de mon cadre de vie, à cause de mon âge aussi... et par manque de désir profond. »

Plus loin, elle ajoute :

> « Je me sens vieille dans ma tête, moins patiente. Je vais bien davantage apprécier mes petits-enfants. »

Évelyne a presque eu besoin de cet épisode malheureux pour pouvoir passer à une nouvelle période de sa vie.

La fausse couche a parfois été ressentie comme un passage obligé pour accéder au statut de mère, de père.

Christine est la cadette d'une famille de trois filles, aucune de ses sœurs n'a d'enfant. Comme elle dit après la fausse couche : « C'était difficile pour moi d'être la première. » De plus, son conjoint était très réticent à l'idée d'avoir un enfant. Elle a très mal vécu le début de sa première grossesse et a aussi été profondément déprimée quand est survenue la fausse couche. Christine a été à nouveau enceinte six mois après :

> « Je ne sais pas pourquoi, mais pendant ma deuxième grossesse j'ai été beaucoup moins anxieuse. J'étais détendue, mon expérience me rassurait, j'étais devenue mon propre exemple. C'était une tentative qui m'a permis de prendre des marques pour la deuxième fois. Cela nous a permis de nous positionner comme futurs parents. »

L'expérience de la fausse couche semble avoir révélé le désir d'enfant de son conjoint, puisqu'elle dit :

> « Cet enfant, il le désirait davantage, il a voulu commencer tout de suite une nouvelle grossesse. »

Pour Christine, la fausse couche était peut-être aussi le prix à payer pour avoir le droit d'inverser l'ordre familial ? Il semble bien que cet événement ait été vécu comme une étape nécessaire pour qu'elle et son conjoint puissent être parents.

La fausse couche a pu favoriser parfois une maturation personnelle. Pour beaucoup de femmes c'est souvent le premier échec, le premier obstacle important. Hélène affirme :

> « Cela m'a forgée. C'était la première obstruction de ma vie. Je n'ai jamais été confrontée aux difficultés de la vie. Les autres subissaient pour moi. Accepter la fausse couche, cela a été difficile mais maintenant je me sens moins fragile, moins susceptible qu'avant. »

La fausse couche a pu contribuer à révéler des aspects de soi inconnus jusqu'alors. Les femmes découvrent ce que c'est qu'être au creux de la vague. Sylvie se rappelle :

« Qu'est-ce que j'ai pu être mal psychologiquement ! C'était affreux. »

Elles savent aussi qu'elles ont été capables de surmonter l'épreuve. Françoise dit :

« J'ai appris beaucoup de choses sur moi-même. Je pourrais être découragée, mais j'ai les moyens de réagir. Mon corps a changé aussi. J'ai vécu des choses qui m'ont modifiée dans un sens positif : je peux être enceinte et supporter un accouchement. »

Paule ajoute :

« J'ai mûri, j'ai vieilli. Cette absence est toujours présente, mais il faut se bagarrer pour l'avenir. Depuis que j'ai été enceinte, rien n'est plus comme avant. Malgré la fausse couche, cela m'a donné la force de me battre. »

Une fausse couche ou une mort fœtale in utero est souvent la première confrontation avec la mort. Les femmes en prennent conscience pour elles-mêmes et pour leur entourage. Elles se sentent plus fortes d'avoir pu faire face.

Geneviève a perdu son premier bébé in utero, elle raconte comment elle a trouvé du réconfort auprès de parents ayant eux aussi vécu un deuil périnatal.

« Mon mari et moi avons participé à un groupe de parole pour parents ayant perdu un bébé avant ou juste après la naissance. Cela nous a fait beaucoup de bien de partager cette expérience, de voir que nous n'étions pas les seuls à vivre cela et surtout de nous rendre compte que la vie pouvait reprendre son cours, qu'il était possible de construire une famille malgré un tel drame. Nous avons rencontré des gens d'une grande qualité humaine et cela nous a redonné confiance tout simplement en la vie. »

Emmanuelle semble avoir appris des choses sur elle-même et pris conscience de certaines réalités. À la suite de cette perte, toute sa philosophie de la vie a changé. Elle raconte :

« Avant, j'avais un tempérament cool, du style à ne pas m'en faire. Je me suis rendu compte que j'étais plutôt nerveuse et intériorisée. Je m'attends à revivre ce genre d'expérience. Ce sont des choses qui peuvent arriver : que mes enfants ou mon mari puissent avoir un accident, que mes parents, un jour ou l'autre, disparaissent. Il faut s'y préparer, c'est la vie. Il faut vivre avec, ne pas faire un drame de choses normales : la vie, la mort, la naissance. Ce qui est inéluctable, on ne peut pas le changer... »

Au fil du temps, la majorité des femmes intègrent cette perte comme un accident douloureux mais qui fait partie de la vie.

ANNEXES

Physiologie de la reproduction

Pour qu'une grossesse se passe bien, il faut que de nombreuses fonctions et de nombreux facteurs physiologiques soient réunis au bon moment, soient efficaces et agissent dans le même sens. Cela explique qu'il y ait des « ratés » et qu'on puisse avoir le sentiment qu'une grossesse qui démarre, se déroule normalement et se termine par la naissance d'un enfant vivant et en bonne santé relève quasiment du miracle !

Le cycle menstruel

La condition essentielle pour que tout aille bien est le bon fonctionnement de l'appareil génital. Celui-ci est régulièrement rythmé par le cycle menstruel, depuis la puberté (qui débute entre 11 et 18 ans) jusqu'à la ménopause (entre 45 et 55 ans).

Le cycle débute le premier jour des règles, jour désigné comme étant le premier jour du cycle, et se termine au début des règles suivantes. Sa durée moyenne est de 28 jours, mais celle-ci peut varier de 18 à 40 jours selon les cas sans que cela soit anormal ou le reflet d'un état maladif. Les cycles menstruels n'existent que pendant une partie de la vie des femmes, au cours de laquelle elles peuvent avoir des enfants : c'est la période de fécondité.

Le cycle est divisé en deux périodes par rapport à l'ovulation. La période pré-ovulatoire, avant l'ovulation, présente une durée variable tandis que la phase post-ovulatoire, après l'ovulation, est beaucoup plus stable, de 13 à 15 jours, quelle que soit la durée totale du cycle. Le cycle est sous la dépendance d'hormones sécrétées par l'ovaire et l'hypophyse et de substances neuro-hormonales sécrétées par l'hypothalamus. Ces substances sont véhiculées par le sang.

Les « règles » ou « hémorragie menstruelle » (on dit aussi les « menstruations » ou les « menstrues ») sont le résultat de la chute du taux des hormones ovariennes sur la muqueuse utérine ou « endomètre ». Elles durent de trois à sept jours.

L'ovaire

Il est indispensable que les deux ovaires ou glandes sexuelles féminines fonctionnent normalement, ou au moins l'un d'entre eux.

L'ovaire sécrète des hormones : les œstrogènes et la progestérone, et produit des ovules, « gamètes » féminines ou « ovocytes », qui sont des cellules reproductrices femelles. Elles sont entourées de petites cellules nutritives et sécrétantes formant les « follicules ».

L'hypothalamus et l'hypophyse

Le fonctionnement ovarien, comme celui des glandes surrénales et de la thyroïde, est régularisé par l'hypophyse, petite glande située à la base du crâne dans une logette osseuse, la selle turcique. L'hypophyse est elle-même contrôlée par l'hypothalamus, région située juste au-dessus d'elle. L'hypothalamus se trouve dans la partie centrale du cerveau, dont il reçoit des informations chimiques et nerveuses en permanence. Il régularise l'ensemble des sécrétions hormonales lorsqu'elles sont excessives ou insuffisantes.

L'hypothalamus est également le centre de régulation du comportement alimentaire et de l'affectivité ; il produit, à intervalles réguliers (toutes les 90 minutes), une substance hormonale, la GNRH, qui va stimuler la sécrétion des hormones hypophysaires.

Cela explique la relation étroite qui existe entre la bonne activité de l'ovaire et les influences nerveuses, les émotions, les changements de vie, etc. Lors d'un deuil par exemple, les règles peuvent s'interrompre pendant plusieurs mois.

On constate également une perturbation des cycles menstruels sous l'action de la prolactine qui est l'hormone de la lactation sécrétée par l'hypophyse. Sous l'influence de l'hypothalamus, celle-ci peut être produite en quantité excessive : c'est ce que l'on appelle une hyperprolactinémie. Ce dérèglement provoque des cycles irréguliers ou même l'arrêt des règles et un écoulement de liquide par les seins (ou galactorrhée).

Certains médicaments, comme les neuroleptiques, qui ont une action sur le système nerveux central, peuvent également induire une sécrétion excessive de prolactine.

Le rôle de l'hypophyse sur l'ovaire

Pendant la première moitié du cycle, sous l'action des hormones hypophysaires (FSH et LH) stimulées par l'hypothalamus, les follicules ovariens commencent à grossir et à sécréter des œstrogènes. Ceux-ci provoquent l'épaississement de la muqueuse utérine et la sécrétion par les cellules du col de l'utérus, d'un liquide limpide et visqueux, la « glaire ». Le rôle de la glaire est de favoriser la montée dans l'utérus des spermatozoïdes qui sont les cellules reproductrices ou « gamètes » mâles déposées au fond du vagin lors d'un rapport sexuel. À la fin de la première moitié du cycle, la glaire devient abondante, fluide et filante. Elle est alors particulièrement perméable aux spermatozoïdes, elle les nourrit et leur assure une protection contre les microbes.

Au milieu du cycle s'effectue la ponte ovulaire. Trente-six heures avant l'ovulation, se produit une décharge de l'hormone hypophysaire LH qui provoque la rupture d'un follicule mûr et l'émission de l'ovule et du liquide folliculaire, c'est l'ovulation. En général un seul follicule et un seul ovule par cycle arrivent à maturation complète, le follicule mesure 20 à 25 millimètres au moment de la rupture (l'ovaire mesurant à peu près 35 millimètres).

Pendant la deuxième partie du cycle, le follicule se transforme en « corps jaune ». Il devient jaune orangé et prend la forme d'un nodule ; il sécrète des hormones : la progestérone et les œstrogènes, sous l'action de la FSH et de la LH. Ces hormones vont modifier la muqueuse utérine, la rendant apte à recevoir l'œuf pour la « nidation ». La sécrétion de la progestérone coagule la glaire cervicale, ce qui la rend imperméable aux spermatozoïdes, ferme le col et met le muscle utérin au repos. Elle élève la température matinale du corps de trois dixièmes de degrés environ.

L'ovule libéré par la rupture du follicule va être happé par le pavillon de la trompe qui coiffe l'ovaire et va cheminer dans celle-ci. Sa progression est assurée par les mouvements de la trompe, les mouvements des cils des cellules qui la tapissent et par le courant du liquide tubaire. Après un rapport sexuel, certains spermatozoïdes peuvent remonter immédiatement le col, l'utérus et les trompes. D'autres séjournent dans des replis situés à l'intérieur du col pendant un à plusieurs jours et sont libérés de temps en temps. Le sperme contient plusieurs centaines de millions de

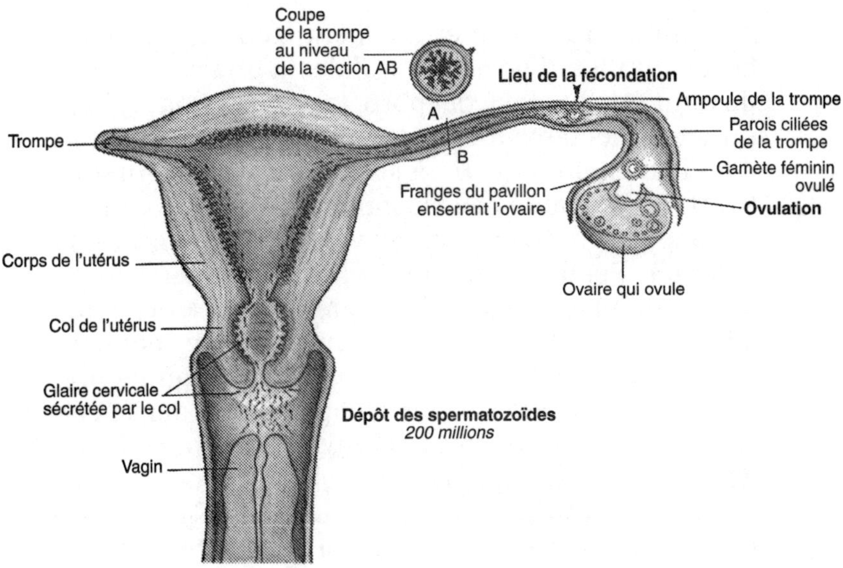

Migrations des gamètes
et fécondation dans les voies génitales féminines

spermatozoïdes, mais seulement une partie de ceux-ci arrive dans le tiers externe de la trompe où aura lieu la rencontre avec l'ovule. Les spermatozoïdes entourent l'ovule et, normalement, un seul arrive au contact immédiat de sa membrane et la pénètre. Son noyau se fusionne avec celui de l'ovule : c'est la fécondation.

Les premiers moments de la grossesse

La réunion de l'ovule et du spermatozoïde aboutit à la constitution d'une seule cellule, la première cellule du futur être humain, qui porte le nom d'« œuf ». L'œuf progresse lentement dans la trompe jusqu'à l'utérus : il lui faut environ quatre à six jours pour effectuer ce trajet. Il s'implante dans la muqueuse utérine entre le sixième et le huitième jour suivant l'ovulation, c'est la nidation. Pendant son trajet, l'œuf commence à se diviser en plusieurs cellules, et ressemble alors à une mûre minuscule. Son développement se poursuit lorsqu'il est implanté dans la muqueuse utérine préparée à le recevoir. La zone d'implantation dans l'utérus, formée par le trophoblaste qui entoure l'œuf, deviendra le placenta. Le trophoblaste produit l'hormone gonadotrophique chorionique (HCG), qui permet au corps jaune de continuer à sécréter les hormones nécessaires à la grossesse (œstrogènes et progestérone), jusqu'au deuxième mois de la grossesse. Le relais est ensuite pris par le placenta.

S'il n'y a pas eu de nidation, le « corps jaune » va régresser et disparaître après une durée de vie de douze à quatorze jours, entraînant la chute du taux des œstrogènes et de la progestérone. La chute du taux de ces hormones provoque la destruction, le saignement et l'élimination de la muqueuse utérine, ce sont les « règles ».

S'il y a eu fécondation et si l'œuf est bien implanté dans la muqueuse utérine, il va se transformer et deve-

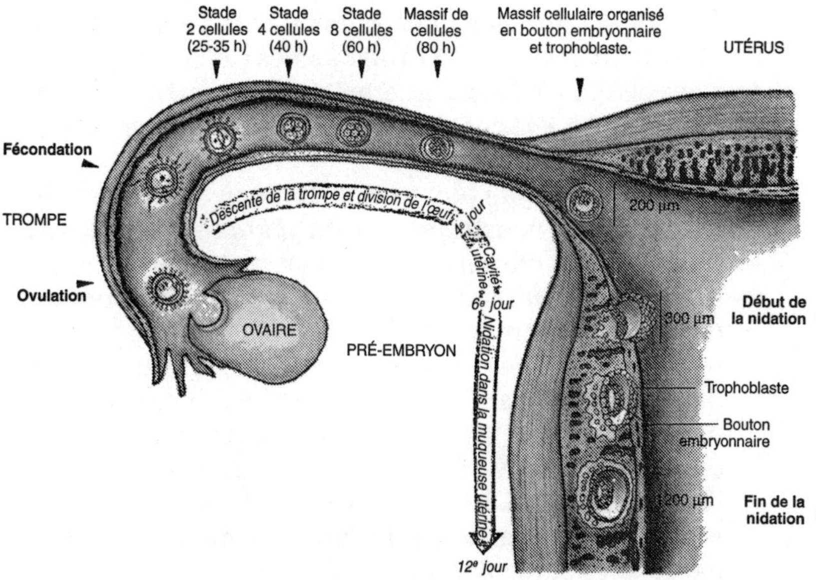

De la fécondation à la nidation

nir un embryon : c'est le développement embryonnaire.

Le développement de l'embryon commence par l'union des deux noyaux, celui de l'ovule et celui d'un spermatozoïde, ce qui constitue la cellule œuf avec un noyau contenant 46 chromosomes (sortes de petits bâtonnets microscopiques), répartis en 23 paires. En effet, au moment de la ponte ovulaire, l'ovule va terminer sa division cellulaire avec réduction, passant ainsi de 46 chromosomes, comme dans toutes les cellules humaines, à 23 chromosomes ; cette réduction s'appelle la « méiose ». Le même phénomène se produit pour le spermatozoïde au moment de sa formation dans le testicule.

Dans le noyau de la cellule œuf, chacune des 23 paires est constituée par un chromosome venant du père et un chromosome venant de la mère. Toutes les cellules d'un individu, homme ou femme, possèdent ces 46 chromosomes, qui sont le support des milliers de « gènes » qui portent les caractères génétiques transmis par les parents. Une paire particulière des chromosomes sexuels détermine le sexe : ils sont désignés par XX chez la femme et par XY chez l'homme. Le sexe de l'embryon, et donc du futur enfant, est déterminé par le chromosome sexuel porté par le spermatozoïde avec lequel s'est uni l'ovule : si c'est un X l'enfant sera une fille (XX) et si c'est un Y ce sera un garçon (XY).

L'œuf ainsi formé va se diviser et certaines cellules constitueront l'embryon, tandis que d'autres, plus périphériques, formeront les annexes embryonnaires : l'amnios qui se remplit de liquide et le placenta en fusionnant avec la muqueuse utérine. C'est l'embryogenèse. Les tissus vont poursuivre leur différenciation, s'organiser, et, à la fin du troisième mois, l'embryon est parfaitement formé.

La suite de la gestation constitue la période fœtale.

Tous les organes étant formés, la dernière partie de la vie intra-utérine est une phase de croissance.

Durant les neuf mois, le fœtus est dépendant du placenta, auquel il est relié par le cordon ombilical.

Une grossesse dure normalement neuf mois ou quarante à quarante et une semaines d'aménorrhée.

Âge de grossesse	Taille	Poids	Étapes de développement
3 semaines	grain de blé		Le cœur est un simple tube qui bat
4 semaines	4 mm	0,02 g	La tête est visible, avec une ébauche des yeux. Les bras et les jambes se différencient. Les testiculens se forment.
7 semaines	2 cm	0,5 g	Les membres sont terminés par une palette dans laquelle les doigts se forment.
2 mois	3,5 cm	1 g	Le cœur avec quatre cavités bat régulièrement.
3 mois	9 cm	14 g	Les mains et pieds ont une forme normale. Tous les organes sont en place.
4 mois	16 cm	170 g	Apparition des cheveux, des cils, des ongles, des dents. Les mouvements sont perçus par la mère.
5 mois	30 cm	500 g	Tous les organes sont formés. Premiers réflexes.
6 mois	35 cm	950 g	Les muscles se développent, les paupières s'ouvrent, l'enfant est viable.
7 mois 8 mois 9 mois	40 cm 45 cm 50 cm	1 700 g 2 500 g 3 300 g	C'est la fin de la période fœtale. L'enfant grossit, les organes finissent leur maturation.

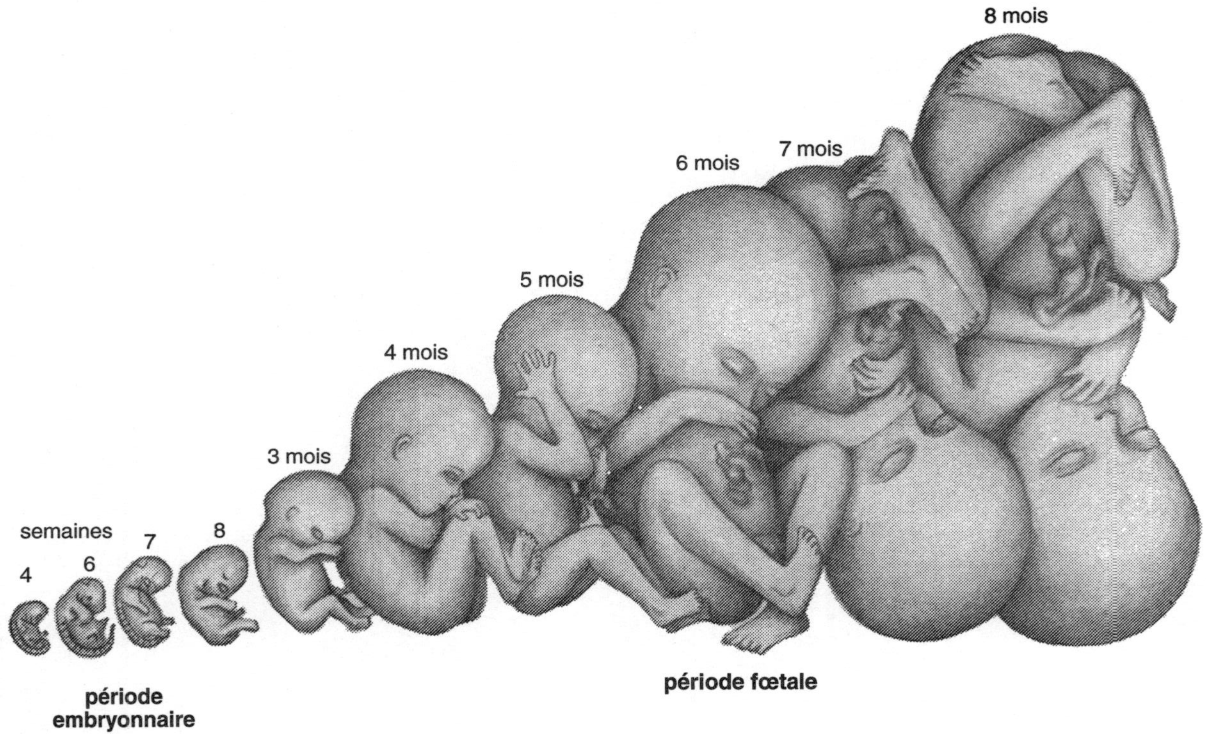

Les étapes du développement et de la croissance de l'embryon puis du fœtus

Glossaire

Aménorrhée : absence de règles. La durée de l'aménorrhée est calculée à partir du premier jour des dernières règles.

Amniocentèse : ponction par voie transabdominale de liquide amniotique pour l'étude des cellules fœtales. Elle permet de rechercher des anomalies génétiques et chromosomiques.

Amnios : enveloppe de l'œuf et de l'embryon qui sécrète le liquide amniotique.

Anasarque : maladie du fœtus qui se manifeste par la combinaison d'un épanchement liquidien dans certains organes et d'un œdème sous-cutané.

Anomalies génétiques : anomalies héréditaires portées par les chromosomes.

Aspiration : technique chirurgicale d'évacuation du contenu utérin en l'attirant par le vide.

Avortement : il existe deux sortes d'avortements : les avortements spontanés, ou fausses couches, et les avortements provoqués, qui sont soit une interruption volontaire de grossesse, soit une interruption médicale de grossesse (pour anomalie fœtale ou maladie maternelle).

Avortement sélectif ou réduction embryonnaire : élimination d'un ou de plusieurs œufs, en cas de grossesse multiple. Plusieurs techniques existent. L'une, par voie vaginale, consiste à pratiquer, à huit semaines d'aménorrhée, une aspiration de l'embryon ou des embryons situés le plus près possible de l'orifice interne du col. L'intervention a lieu sous anesthésie générale et sous contrôle échographique. L'autre, sous anesthésie générale également, consiste à injecter à travers la paroi abdominale un médicament qui détruit l'embryon. Il semble que cette dernière technique soit la plus sûre et qu'elle soit la moins dangereuse pour les autres embryons. Autre avantage : elle peut être pratiquée jusqu'à onze semaines de grossesse, ce qui laisse éventuellement la possibilité d'une élimination naturelle d'un des embryons et donne un temps de réflexion au couple et aux médecins.

Béance du col : ouverture anormale du col.

Biopsie d'endomètre : prélèvement d'un petit morceau de muqueuse utérine à l'aide d'une pince spéciale introduite dans l'utérus par le col.

Biopsie du trophoblaste ou prélèvement de villosités choriales : prélèvement d'un petit morceau de trophoblaste, à la recherche d'anomalies chromosomiques et génétiques.

Calibrage du col : mesure du diamètre intérieur du col à l'aide de bougies en plastique.

Caryotype : étude du nombre et de la forme des chromosomes contenus dans le noyau des cellules.

Cerclage du col : petite intervention chirurgicale consistant à fermer le col par un fil.

Cholestase gravidique : augmentation anormale, au cours de la grossesse, des acides biliaires sécrétés par le foie. Ils peuvent être toxiques pour le fœtus.

Chromosomes : éléments figurés ayant la forme de bâtonnets contenus dans le noyau des cellules. Ils sont le support des facteurs héréditaires. Ils sont au nombre de quarante-quatre, plus deux chromosomes sexuels : XX chez la femme et XY chez l'homme.

Cœlioscopie : examen des organes abdominaux par un tube contenant des fibres optiques, introduit sous l'ombilic.

Conisation du col : ablation en forme de cône d'une partie du col, pour lésion précancéreuse.

Contraction utérine : resserrement du muscle utérin, qui devient dur, ressenti parfois comme des crampes.

Corps jaune : petit nodule jaune orangé dû à la transformation du follicule ovarien après l'ovulation. Il sécrète des œstrogènes et de la progestérone.

Curetage : intervention chirurgicale consistant à nettoyer la cavité utérine avec une sorte de petite cuillère à bords tranchants introduite par le col.

Cytotoxique : se dit d'un produit naturel ou synthétique qui détruit les cellules.

Diabète sucré : affection résultant d'une trop grande quantité de glucose dans le sang.

Distilbène : médicament contenant un œstrogène synthétique : le diéthylstilbœstrol.

Dosages hormonaux : dosages des hormones, qui sont des substances chimiques sécrétées par les glandes. Elles sont, le plus souvent, dosées dans le sang.

Dysovulation : troubles de l'ovulation entraînant souvent des cycles irréguliers.

Échographie : exploration des organes internes par ultrasons.

Éclampsie : (voir pré-éclampsie) complication très rare de la pré-éclampsie se traduisant par des convulsions et un coma.

Embryoscopie : exploration de l'embryon à l'intérieur de la cavité amniotique à l'aide d'un tube contenant des fibres optiques (ou fibroscope).

Endocrine : se dit d'une glande sécrétant directement dans le sang.

Endomètre : muqueuse recouvrant la cavité utérine.

Endométrite : inflammation de la muqueuse utérine.

Endométriose : présence de muqueuse utérine au niveau des organes génitaux externes ou internes et même, plus rarement, sur l'appareil urinaire ou dans le tube digestif.

Exocrine : se dit d'une glande dont la sécrétion n'est pas déversée dans le sang.

Fécondation : réunion d'un ovule et d'un spermatozoïde pour former un œuf.

Fibrome : tumeur bénigne qui se développe dans le muscle utérin formé de fibres musculaires.

Follicule ovarien mûr : sorte de petit sac contenant du liquide et l'ovocyte. Au moment de l'ovulation il se rompt et l'ovocyte est expulsé.

FIV : fécondation in vitro. La fusion du spermatozoïde et de l'ovocyte (recueilli par cœlioscopie ou par ponction sous échographie) est réalisée en éprouvette. L'œuf est placé, quelques jours plus tard, dans le fond de la cavité utérine à l'aide d'un petit cathéter passé par le col.

Frottis cervical : étalement fixé sur une lame de verre de cellules superficielles du col prélevées par léger grattage.

FSH (hormone folliculo-stimulante) : hormone hypophysaire agissant sur les ovaires en stimulant la sécrétion des hormones et la croissance des follicules.

Galactorrhée : écoulement de lait par les seins en dehors de la lactation.

Gamète : cellule reproductrice, femelle (ovule ou ovocyte), ou mâle (spermatozoïde).

GEU (grossesse extra-utérine) : implantation de l'œuf en dehors de la muqueuse utérine, le plus souvent dans la trompe.

GIFT : transfert des gamètes dans la trompe. Les ovocytes, recueillis comme pour la FIV, sont déposés directement dans la trompe en même temps que les spermatozoïdes. La fécondation a lieu dans la trompe.

Glaire cervicale : sécrétion élaborée par le col de l'utérus. Elle devient particulièrement fluide au moment de l'ovulation pour permettre l'ascension des spermatozoïdes dans l'utérus.

GnRH (gonadotrophin releasing hormone) : hormone sécrétée par l'hypothalamus, qui stimule la FSH et la LH.

HAD (hospitalisation à domicile) : organisation comportant des médecins et du personnel paramédical permettant le maintien à domicile des malades et des femmes enceintes à risque.

HCG (hormone gonadotrophine chorionique) : hormone dite « de grossesse ». Sécrétée par le trophoblaste, elle peut être dosée dans le sang dès l'implantation de l'œuf. Extraite d'urine de femme enceinte, elle devient un traitement pour provoquer l'ovulation et maintenir le corps jaune.

HELLP syndrome (Hemolysis, Elevated liver enzymes, Low platelets count) : syndrome biochimique associant une atteinte hépatique et une diminution des plaquettes. Il s'agit d'une complication de la pré-éclampsie qui met en danger la mère et le fœtus.

Hématome rétro-placentaire : décollement brutal et prématuré du placenta interrompant la circulation materno-fœtale, entraînant une souffrance aiguë et parfois la mort du fœtus.

Hormones thyroïdiennes (T3 et T4) : hormones sécrétées par la thyroïde (glande située dans la zone inférieure du cou). Leur sécrétion en quantité insuffisante peut provoquer une dysovulation et des fausses couches.

Hypophyse : petite glande endocrine située à la base du crâne et reliée au cerveau. Elle est continuellement en relation avec l'hypothalamus. Elle sécrète de nombreuses hormones indispensables au bon fonctionnement de la plupart des glandes et des organes.

Hypoplasie utérine : anomalie de l'utérus qui est de taille plus petite que la normale.

Hypothalamus : région du cerveau située juste au-dessus de l'hypophyse, recevant des messages nerveux du cerveau. Il régule la faim, la soif, la température et les hormones hypophysaires.

Hystérosalpingographie : radiographie de l'utérus et des trompes par opacification de leurs cavités en injectant par le col un produit radio-opaque.

Hystéroscopie : examen de la cavité utérine passant par le col au moyen d'un tube contenant des fibres optiques. Il existe deux types d'hystéroscopes : un hystéroscope dont le calibrage est très petit, pouvant être employé en consultation, et un autre, de diamètre plus gros, nécessitant une dilatation du col et une anesthésie générale.

Induction d'ovulation : administration de médicaments en vue de provoquer l'ovulation.

IMG : interruption médicale de grossesse. Ce terme est préféré à celui d'ITG : interruption thérapeutique de grossesse, car le geste ne comporte aucune thérapeutique.

IVG : interruption volontaire de grossesse.

LH (hormone lutéinisante) : hormone sécrétée par l'hypophyse et provoquant l'ovulation.

Méiose : division cellulaire avec réduction des cellules qui précèdent les ovules et les spermatozoïdes. Cette division donne naissance aux cellules reproductrices, ou gamètes, dont le noyau ne contient plus que 23 chromosomes (chaque cellule fille ne recevant qu'un seul des deux chromosomes de chaque paire puisque la cellule humaine contient 23 paires de chromosomes).

Ménopause : fin de la période de fécondité.

Métrorragie : hémorragie utérine survenant en dehors des règles.

Môle : œuf pathologique ; le placenta est seul formé, il prolifère et est rempli de vésicules. Il peut très rarement devenir cancéreux.

MST : maladies sexuellement transmissibles. Elles se contractent lors des rapports sexuels et peuvent provoquer une endométrite, une salpingite et être à l'origine d'une stérilité.

Neuroleptiques : certains médicaments prescrits contre les maladies du système nerveux central : anxiété, dépression. Ils peuvent provoquer une hyperproduction de la prolactine en freinant l'activité de l'hypothalamus.

Nidation : implantation de l'œuf dans la muqueuse utérine.

Œstrogènes : hormones sécrétées par les ovaires, favorisant la sécrétion de la glaire par le col et la croissance de la muqueuse utérine.

Ovocytes ou ovules : cellules féminines reproductrices, contenant 23 chromosomes.

Ovulation : libération de l'ovule par la rupture du follicule.

Pilules contraceptives : médicaments oraux contenant des hormones : œstrogènes de synthèse et progestatifs de synthèse (reproduisant les effets des hormones naturelles), ayant pour but d'empêcher une grossesse en bloquant l'ovulation. On distingue :

–les pilules dites « normales », contenant la même dose d'œstrogènes et de progestatifs tout au long de la plaquette ;

–les « mini-pilules », contenant la dose minimale d'œstrogènes et de progestatifs. Elles peuvent être monophasiques, biphasiques ou triphasiques (les doses augmentent par palier) ;

–les pilules séquentielles, qui contiennent des œstrogènes seuls en début de plaquette, puis une association d'œstrogènes et de progestatifs ensuite ;

–les progestatifs seuls administrés à forte dose vingt jours par mois bloquent également l'ovulation ;

–les micro-pilules progestatives agissent différemment. Elles contiennent de faibles doses de progestatifs et rendent la glaire imperméable aux spermatozoïdes et l'endomètre impropre à la nidation (si une fécondation a quand même eu lieu).

Phlébite : inflammation d'une veine entraînant la formation d'un caillot de sang.

Placenta : tissu résultant de la transformation de la muqueuse utérine au contact du trophoblaste. Il nourrit le fœtus.

Placenta praevia : placenta bas inséré, recouvrant tout ou partie de l'orifice interne du col.

Plastie tubaire : intervention chirurgicale qui vise à rendre les trompes perméables.

PMA (procréation médicalement assistée) : ensemble des techniques médicales et chirurgicales permettant l'obtention d'une grossesse.

Polypes muqueux : excroissance de la muqueuse utérine, du col ou même des trompes.

Polyzoospermie : excès de spermatozoïdes dans le sperme.

Pré-éclampsie ou toxémie gravidique : complication de la fin de grossesse associant une hypertension, des œdèmes et une albuminurie.

Progestérone : hormone sécrétée par le corps jaune, rendant la muqueuse utérine apte à recevoir l'œuf pour sa nidation.

Prolactine : hormone sécrétée par l'hypophyse, induisant et maintenant la lactation.

Prostaglandines : substances présentes dans de nombreux organes. Synthétiques, elles servent en gynécologie à provoquer les contractions utérines.

Puberté : début de la période de fécondité.

Rétroversion utérine : autre position anatomique normale de l'utérus qui, dirigé vers l'arrière, repose sur le rectum.

RU 486 : médicament antiprogestérone utilisé pour provoquer l'arrêt de la grossesse.

Salpingite : infection des trompes pouvant provoquer une stérilité.

Spéculum : instrument qui permet de maintenir le vagin ouvert.

Spermatozoïdes : cellules reproductrices mâles, contenant vingt-trois chromosomes dont un chromosome sexuel qui détermine le sexe de l'embryon : si c'est un chromosome X, ce sera une fille et si c'est un chromosome Y, ce sera un garçon.

Synéchie utérine : accolements cicatriciels des parois utérines, pouvant être plus ou moins grands.

Tératospermie : spermatozoïdes anormaux en quantité trop importante.

Testicule : glande sexuelle masculine endocrine (sécrétant l'hormone mâle : la testostérone) et exocrine (fabriquant les spermatozoïdes).

TSH : hormone sécrétée par l'hypophyse, qui stimule la sécrétion des hormones thyroïdiennes.

Trompes : conduits allant de l'utérus à l'ovaire et à la cavité péritonéale et par lesquels passent les spermatozoïdes, l'ovule et l'œuf fécondé.

Trophoblaste : enveloppe cellulaire de l'œuf qui, après la nidation, va former le placenta dans la zone d'implantation, en regard de l'embryon. Il forme alors les villosités choriales en envoyant dans la muqueuse utérine des prolongements ramifiés ressemblant à des racines.

Voie transabdominale : voie passant à travers l'abdomen : par exemple pour une amniocentèse.

Voie transvaginale : voie empruntant la cavité vaginale, pour une échographie, par exemple.

Remerciements

Nous remercions nos collègues et ceux qui dans notre entourage ont bien voulu commenter et critiquer ce livre à des étapes différentes de son élaboration : Annie Bachelot, Béatrice Blondel, Dany Bonora, Dr Gérard Bréart, Dr Maryse Dumoulin, Dr Marie-Claude Gatineau, Dr Janine Goujard, Monique Kaminski, Jean Legrand, Isabelle Maury, Dr Virginie Ringa, Marie-Josèphe Saurel-Cubizolles, Nadine Spira.

Nous devons beaucoup au Pr Claude Sureau pour ses commentaires sur la partie médicale du livre et au Pr Michel Tournaire qui a accepté d'en rédiger la préface.

Nous remercions enfin Danièle Lederman et Mathilde Nobécourt qui nous ont guidées et encouragées tout au long de cette entreprise.

Table

10. Quelque temps après...

Annexes

Composition IGS
Impression : Imprimerie Floch, avril 2005
Éditions Albin Michel
22, rue Huyghens, 75014 Paris
www.albin-michel.fr

ISBN : 2-226-15735-2
N° d'édition : 23385. – N° d'impression : 62925
Dépôt légal : mai 2005
Imprimé en France